2015年度河北省社会科学发展研究课题（编号：2015040210）
河北金融学院2014年科研基金项目（编号：JY201402）

中国财政支持养老保险支出风险及对策研究

黄 敏 金 春 著

中国财经出版传媒集团
中国财政经济出版社

图书在版编目（CIP）数据

中国财政支持养老保险支出风险及对策研究／黄敏，金春著．—北京：中国财政经济出版社，2018.12
ISBN 978-7-5095-8512-2

Ⅰ.①中… Ⅱ.①黄…②金… Ⅲ.①养老保险制度-研究-中国 Ⅳ.①F842.67

中国版本图书馆 CIP 数据核字（2018）第 207859 号

责任编辑：金　宇　高文欣　　责任印制：刘春年
封面设计：卜建辰　　　　　　责任校对：杨瑞琦

中国财政经济出版社 出版

URL：http：//www.cfeph.cn
E-mail：cfeph@cfemg.cn

（版权所有　翻印必究）

社址：北京市海淀区阜成路甲 28 号　邮政编码：100142
营销中心电话：010-88191537
北京财经印刷厂印装　各地新华书店经销
880×1230 毫米　32 开　6.375 印张　159 000 字
2018 年 12 月第 1 版　2018 年 12 月北京第 1 次印刷
定价：46.00 元
ISBN 978-7-5095-8512-2
（图书出现印装问题，本社负责调换）
本社质量投诉电话：010-88190744
打击盗版举报热线：010-88191661　QQ：2242791300

前　言

随着改革开放的不断深入，我国经济发展取得了令世人瞩目的成就。但在经济发展过程中也产生了一些问题，比如伴随人口老龄化的不断发展，我国养老保险制度面临严峻的支付形势。而一国养老保险制度的完善与否直接关系到整个国家社会保障体系的构建。中国正在急速进入工业化、城镇化与老龄化社会，再加上通货膨胀，这都在冲击着"养老大堤"，当务之急是维持养老基金的财务均衡，保持财政支付能力，减轻政府财政负担。政府对养老保险制度的财政责任是毫无疑问的，但具体的责任范围及财政支持力度却是一个严肃的话题。理想的支持力度是既可以维持制度的可持续性，又能不给财政带来太大的支付压力，更不能引发财政风险。

最近几年我国养老保险制度得到了极大的发展，城镇企业职工养老保险不断完善，事业单位养老保险改革基本完成，城乡居民养老保险也经历了一个从构建到运营的过程。目前，城镇企业职工养老保险基金尚有结余，但事业单位养老保险由于改革时间短，前期积累较少，这部分养老金的发放主要是财政支持，城乡居民养老保险由于构建时间短，前期缴费较少甚至没有，尽管发放水平不高，但由于人数众多，也给财政带来了不小的压力。

试图通过多渠道筹集养老保险资金来缓解压力，但又遭遇人口老龄化；想要通过延长退休年龄来缓解支付压力，却又面临巨大的就业压力。与此同时，在城乡居民养老保险中人数最多的农民成为关键，只有不断提高农民的收入水平，增强其抵抗风险的能力，才能为解决养老保险的支付压力进行缓冲。总之，只有进行系统的政策设计，多种措施同时发力，增加养老保险基金的保值增值能力，建立养老保险物价联动调节机制，切实提高养老保险的替代率，才能缓解财政支付的压力，降低养老保险引发财政风险的可能性。

　　本书是在我博士论文的基础上进行了补充和修改，我的同学金春博士给予了很多帮助，她是一个非常严谨的人，擅长结合数理模型来进行经济分析，在核心章节的成本分析中，得到了她的大力帮助。在成文的过程中，王晓伟老师在国外发展经验的借鉴方面，给予了大量帮助，共编写了大约3万字。正是在她们的帮助下，这本书才得以完成。由于知识积累的有限，本书难免有不足之处，欢迎大家批评指正。

Abstract

The outbreak of the European debt crisis made the fisical crisis become the focus in the theory. The generous Endowment pension to a fault is the main cause of the European debt crisis. The Endowment Insurance is the main concept in the social security system, when the payment in the Endowment Insurance is too high, the deficit is done. Setting up and improving the endowment system is the unshirkable responsibility of the government, and it also meet the need of the unity of social. China is moving rapidly towards a society of industrialization, urbanization, old – age, and inflation in which erodes the pension fund at an ever fast speed, putting over retirement plan in danger, and relieves the financial burden of the government. The majority of the scholars has the obligation to undertake the financial support for old – age insurance, and there is still lack of detailed empirial research to define the responsibility of government. Therefore how to guard and control the fisical crisisin in Endowment Insurance, to study and settle the chinese pension problem, no doubt, it is significant for China.

In this paper, we take the risk of the fiscal support to the expenditure to the social Endowment Insurance as the main line, seeking the factors of fiscal risk, learning the useful experience to guard against the fiscal crisis. Following are the main research contents of the thesis: first is to review the connotation of the fiscal crisis, seeking theory basis to the fiscal support to the Endowment Insurance. Second is to analyze the situation of the fiscal crisis in Endowment Insurance in the othercountriesand to learn the useful experience. Third is to deeply analyze the development condition of China's Endowment Insurance, and explain the formation mechansim of the Endowment Insurance to fisical crisis. Forth is to reveal the three main factors : old – age, urbanization and inflation, and make some conclusions from the comparison. Fifth is the countermeasures : the first is to optimize the finance structure, the second is to preserve and increase in the value of Endowment Insurance Fund, the third is to complete the Endowment Insurance payment system, reduce pension substitution rate and the pressure of Endowment Insurance expense. finanly, increaing the income of the peasant to relieves the financial burden of the government.

  The research significance ofthis paper is to perfect the endowment insurance system, to urge the leader pay more attention to the endowment insurance reform, to allocate the responsibility between the central government and the local government correctly, and to develop the economic persistently.

目 录

第1章 **导　论 / 1**

1.1　选题背景及意义 / 1
1.2　国内外研究现状 / 4
　1.2.1　养老保险财政风险的相关研究 / 5
　1.2.2　人口老龄化引致的养老保险支出财政风险研究 / 9
　1.2.3　城镇化引致的养老保险支出财政风险研究 / 12
　1.2.4　通货膨胀引致的养老保险支出财政风险研究 / 15
1.3　研究的思路、方法与内容 / 17
　1.3.1　本书研究的思路和方法 / 17
　1.3.2　主要研究内容 / 18
1.4　本书的创新之处 / 20

第2章 **相关概念与基础理论 / 22**

2.1　财政风险与社会养老保险 / 22
　2.1.1　财政风险的内涵 / 22
　2.1.2　财政风险的类型 / 26
　2.1.3　社会养老保险 / 28

2.2 财政支持养老保险的主要理论依据 / 30
- 2.2.1 国家干预主义理论 / 31
- 2.2.2 莫迪利安尼的生命周期假说 / 31
- 2.2.3 交叠世代模型 / 32
- 2.2.4 庇古的福利经济学 / 33

2.3 养老保险的财政支持责任分析 / 34
- 2.3.1 财政支持养老保险的理由阐释 / 34
- 2.3.2 财政支持养老保险的具体内容 / 36

第3章 财政支持养老保险支出的风险及其形成机理 / 39

3.1 从欧债危机看财政支持养老保险支出的风险 / 39
- 3.1.1 欧债危机的过程及其原因 / 39
- 3.1.2 养老保险对欧债危机的影响 / 41

3.2 中国养老保险发展的现实分析 / 43
- 3.2.1 中国养老保险的发展沿革 / 43
- 3.2.2 中国养老保险制度的成本分析 / 51

3.3 养老保险支出对财政风险的形成机理 / 60
- 3.3.1 数据来源 / 60
- 3.3.2 财政用于养老保险支出的分析 / 60
- 3.3.3 回归分析 / 60
- 3.3.4 经济意义分析 / 65

第4章 国际经验及教训 / 66

4.1 投保资助型养老保险模式——以美国为代表 / 67
- 4.1.1 投保资助型养老保险模式的特点 / 67
- 4.1.2 美国养老保险的实现条件及借鉴 / 69

4.2 福利国家型养老保险模式——以英国为代表 / 76
- 4.2.1 福利国家型养老保险模式的特点 / 77
- 4.2.2 英国养老保险的实现条件及借鉴 / 78

4.3 强制储蓄型养老保险模式——以智利为代表 / 82
    4.3.1 强制储蓄型养老保险模式的特点 / 83
    4.3.2 智利养老保险的内容及借鉴 / 84

第5章 中国养老保险支出的财政风险诱因之一：老龄化 / 87

5.1 人口老龄化的相关界定 / 87
    5.1.1 人口老龄化的内涵 / 87
    5.1.2 人口老龄化的主要测度指标 / 89
    5.1.3 中国人口老龄化形成的原因 / 91
    5.1.4 中国人口老龄化的特征 / 94

5.2 中国人口老龄化的演进历程及预测 / 97
    5.2.1 中国人口总数量的变化历程 / 97
    5.2.2 中国人口年龄结构的变化历程 / 97
    5.2.3 中国人口年龄结构的预测 / 99

5.3 人口老龄化与养老保险支出风险之间的关系 / 101
    5.3.1 城镇企业基本养老保险基金收支情况 / 101
    5.3.2 机关事业单位的养老保险支出情况 / 102

5.4 积极应对人口老龄化 / 105
    5.4.1 人口老龄对现行养老保险制度的影响 / 106
    5.4.2 应对人口老龄化的建议 / 108

第6章 中国养老保险支出的财政风险诱因之二：城镇化 / 114

6.1 城镇化的内涵及发展现状 / 114
    6.1.1 城镇化的内涵 / 114
    6.1.2 城镇化的特征 / 116
    6.1.3 城镇化的发展模式 / 118
    6.1.4 中国城镇化的发展现状 / 119

6.2　城市化的国际比较及对中国防范养老财政
　　　　风险的借鉴 / 121
　　　　6.2.1　政策引导型城镇化 / 122
　　　　6.2.2　自由发展型城镇化 / 123
　　　　6.2.3　被迫接受型城镇化 / 123
　　　　6.2.4　经验与教训 / 124
　　6.3　城镇化对养老保险支出的影响 / 126
　　6.4　积极应对城镇化过程 / 129
　　　　6.4.1　城镇化对养老保险的影响 / 129
　　　　6.4.2　应对城镇化的养老保险对策 / 131

第7章　中国养老保险支出的财政风险诱因之三：
　　　　通货膨胀 / 134

　　7.1　中国通货膨胀的特征及趋势 / 134
　　　　7.1.1　通货膨胀的内涵及其特征 / 134
　　　　7.1.2　中国通货膨胀的发展历程 / 136
　　7.2　通货膨胀的国际比较 / 139
　　　　7.2.1　发达国家的通货膨胀及其特点 / 139
　　　　7.2.2　发展中国家的通货膨胀及其特点 / 140
　　7.3　通货膨胀对财政支持养老保险支出的风险
　　　　影响 / 142
　　　　7.3.1　通货膨胀对养老保险的影响 / 142
　　　　7.3.2　通货膨胀对财政支持养老保险支出的
　　　　　　　风险影响 / 144
　　　　7.3.3　如何有效应对通货膨胀对养老保险
　　　　　　　基金的影响 / 147

第8章　中国财政支持养老保险支出风险的防范对策 / 151

　　8.1　优化财政收支结构，提高养老保险支出效率 / 151

8.1.1　加强财政管理养老保险的水平 / 151
　　8.1.2　多渠道筹集养老保险资金 / 156
　　8.1.3　中央和地方财政权责分明 / 159
8.2　加强养老保险基金的管理水平 / 162
　　8.2.1　增加基金的保值增值能力 / 162
　　8.2.2　科学延长退休年龄 / 165
　　8.2.3　建立养老保险物价联动调节机制 / 168
8.3　适度调整养老金替代率 / 169
8.4　增强农民自身抗风险能力 / 171

参考文献 / 177
后记 / 192

第 1 章

导 论

1.1 选题背景及意义

由金融危机导致的欧洲主权债务危机在世界范围内引发了"改革福利社会,减轻财政负担"的热潮,在人口老龄化、城镇化和通货膨胀的共同作用下,社会养老保险制度对一国财政的影响日益引起人们的关注,各国纷纷改革各自的养老保险制度。著名学者田德文曾在多篇文章中提到过,"欧洲的高福利制度是导致欧债危机的重要原因之一,但欧洲社会的长期稳定和经济的持续性发展,很大程度上也是受益于其福利制度。"这次欧债危机很大程度上也是由于其福利制度导致的财政支出压力过大,其中养老金更被认为是导致欧债危机的重要诱因。2010 年 5 月 IMF 和欧盟在援助希腊之前,提出了三大条件,包括整顿财政、经济调整及福利减少。其中的福利减少主要就是养老金制度的全面改革,各个国家都意识到养老保险制度对财政制度的压力会导致一国发生财政风险,严重的话甚至会影响到政权的稳固。

中国一直实行的是城乡分割的二元经济体制,这也就客观决定了中国的社会养老保险制度也是城乡分割的——城镇社会养老保险制度和农村社会养老保险制度。目前中国城镇社会基本养老保险制度主要包括：一是机关事业单位职工和退休人员仍实行原有的养老退休制度，二是城镇企业职工实行基本养老保险制度，三是城镇居民社会养老保险制度。与此同时，中国农村养老保险制度在很长一段时间内是个空白，主要靠家庭养老，随着经济发展才于2009年慢慢开始构建。直到2014年《国务院关于建立统一的城乡居民基本养老保险制度的意见》（国发〔2014〕8号）的颁布，2015年《国务院关于机关事业单位工作人员养老保险制度改革的决定》（国发〔2015〕2号）的颁布，整合了现行的养老保险制度，但也随之带来制度碎片化的问题。机关事业单位职工和城镇企业职工一起实行统账结合的养老保险制度，城镇居民和农村居民实行相同的居民养老保险制度。

世界上所有国家的社会保障关系中，政府都是不可或缺的重要角色，养老保险当然也不例外。养老保险具有的外部性特征决定了任何一家私人单位都不会承担这项社会责任的，只能由政府来承担。但政府又不能承担所有责任，只能是有限责任。如果政府承担过多的话，就会像那些福利国家一样给财政带来沉重的压力。

中国作为世界上人口最多的国家之一，老龄化也使得中国拥有世界上数量最多的老年人口。人口老龄化会给一国的养老保险支出带来巨大的影响。人口老龄化的程度越高，需要领取养老金的人数也就越多，相对而言缴纳养老保险的人数会越少，这样势必会对养老保险的财务可持续性造成影响。2010年中国第六次人口普查资料显示，截至2010年，中国的老年人口（60岁及以上）数量为1.78亿人，中国的人口老龄化水平已经达到13.26%，中国65岁及以上的老年人口数量为1.19亿人，人口老龄化水平则为8.87%。

改革开放以来，中国的经济不论从发展速度还是从发展规模来说都令世界瞩目。国内生产总值由改革开放初的3524.1亿元攀升到2015年的676708亿元，一跃成为世界第二大经济体。国家统计局数据显示2015年中国的城镇人口为74916万人，乡村人口为61866万人，城市化水平达到56.10%。中国财政支出中用于社会保障支出的比重并不高，据统计，2003年很多经济发达国家政府财政总支出中用于社会保障支出的比重都已经不低了，如加拿大的这一比例为39%，日本则为37%。随着中国城镇化进程的不断推进，社会保障中用于养老保险的支出会越来越大，这将会是财政支出中的一个重要风险因子。

通货膨胀对财政支持养老保支出的风险，可以从两方面来看：一方面是通货膨胀导致一国经济发展速度放缓，财政支持能力下降；另一方面就是通货膨胀导致养老成本增加，养老金发放压力加大，资金缺口增加，财政的支持风险就上升。

中国正在快速进入人口老龄化社会，城镇化也进入高速发展阶段，因而研究养老保险支出的增加对财政带来风险，探讨人口老龄化、城镇化和通货膨胀对养老保险支付水平的影响，以及养老保险的财政风险是否会影响到一国的财政安全问题具有一定的意义：

1. 促进中国养老保险制度的进一步完善。

通过从财政风险的角度来分析养老保险，可以让公平原则在养老保险领域进一步得到体现，所有的社会成员都应该享受到社会进步的成果，不论是城市人还是农村人，都应该在社会养老保险的覆盖范围内。虽然制度的完善需要时间，但逐步实现全覆盖是大势所趋。在实现了全覆盖之后，需要做的就是逐步实现不同类型的养老保险制度之间的衔接。机关事业单位和企业的养老保险替代率水平要相当，这样有利于劳动力的转移，城镇居民的养老保险水平和农村居民的养老保险水平要均衡，不应该存在太大的差距，否则不利于社会公平。

2. 促使决策部门更加关注和重视养老保险制度改革。

欧债危机引致很多国家发生政局和社会动荡,足以引以为鉴。养老保险制度是一国的基本制度,是和市场经济发展相伴随的。只有一国财政处理好财政支持养老保险的幅度,既不能不管,不要在制度设计中出现空缺,也不能管的太宽,防止类似西方高福利国家弊端。从而保障人民的幸福安宁及社会的和谐稳定。

3. 促进中国经济的持续发展。

财政对养老保险制度支持适度,养老保险风险减少,政府就可以有更大的精力和财力来发展经济。而且养老保险制度具有稳定社会的作用,有利于保障劳动力资源的生产、再生产顺利进行,有利于社会公平的实现,从而推动社会进步。由于现阶段的社会养老保险基本做到全覆盖,社会覆盖面广,参与人数众多。养老保险基金长期运行过程中自然会筹集到大量保险资金,可以为资本市场提供巨大的资金来源。通过对大规模养老资金的合理运营和有效利用,有利于提高国家对国民经济的宏观调控能力。

4. 推进中央财政和地方财政之间建立良好的责任机制。

1994年分税制改革之后,财权是一个从地方向中央的转移过程,但相应的事权并没有发生太多改变,导致地方财政财力吃紧。新农保中对中央财政和地方财政的补贴数额是不一样的,地方财政相比较中央财政的压力要大一些。通过养老保险制度的不断改革和完善,可以在中央财政和地方财政之间建立良好的责任机制。财权和事权要相匹配,既能够让不同级别财政之间财力得到较好分配,也能使其各自承担相应责任。

1.2 国内外研究现状

研究财政支持养老保险的风险问题,肯定会从财政风险的研究起步，养老保险财政风险是财政风险的一个子风险，人口的老龄化程度、城镇化的发展程度以及通货膨胀的发生都会影响到养老保险的财政风险。尤其是欧债危机发生以后，国内外的很多专家都在研究相关问题。

1.2.1 养老保险财政风险的相关研究

关于养老保险的财政风险，最早是从研究财政风险开始的，继而将财政风险细化为多个子风险，包括养老保险财政风险、国家债务的财政风险、财政收入结构的风险、财政支出结构的风险、金融风险和财政风险的相互转化等等。先从财政风险的研究说起，国际上财政风险研究的代表人物是 Hana Polaekova Brixi，她是世界银行的高级经济学家，她对经济理论的最大贡献是财政风险矩阵的提出，把一个国家的负债分为显性负债和隐性负债，直接负债和或有负债，通过一个矩阵图可以直观的了解一个国家财政风险的全貌，此后很长一段时间内人们在讨论财政风险时都是遵循财政风险矩阵的思路。

国内最早出现财政风险这一概念是在 1996 年财政部的政策报告：《国家财政困难与风险问题及振兴财政的对策研究》，定义为"财政风险，是指在财政发展过程中由于某些经济和社会因素影响，给财政运行造成波动和混乱的可能性，集中表现为巨额财政赤字和债务危机。"这个报告认为，财政风险主要是由于社会因素和经济因素引起的。财政作为政府干预、治理社会的手段，只要处理好收支关系，不产生巨额财政赤字和债务危机就不会引致财政风险。并从"收""支""债""平"四个方面阐述了财政风险的产生。这个报告可以说奠定了国内财政风险相关研究的基础，此后的很多文章在写财政风险时都是按照这个思路来写的，甚至可以说是一种分析套路。

在对财政风险进行了充分的研究以后，国内外理论界开始对各个子风险进行分析。Sebastian Edwards（1996）通过分析智利的养老金私有化改革,建议发展中国家预防公共部门的债务,尤其是养老金支出会给一国财政带来的风险。Martin Feldstein (2000) 通过分析认为一国政府必须适时改革养老保险制度,以减轻财政负担,比如基金运行模式的改变等。Pieter Bottelier (2001) 对中国中央政府的债务进行了估算,分别从微观、中观、宏观的角度进行了估算,发现养老保险带来的债务占债务总额的比重超过了1/3,财政在养老保险方面的风险系数很高。

国内的研究主要有两方面,一方面是财政风险的预警机制和相关测评指标的设定,另一方面是综合社会保障的风险以及养老保险的财政风险。如于嫒、梁燕(2009)是在金融危机的背景下分析了中国的财政风险,将财政风险分为可测的和不可测的,强调不能一概运用国外的测评指标,要结合中国实际,找到适合自己的指标,并要密切关注本国债务指标的历史。可以通过加强税收管理、优化财政支出结构、合理控制国债规模等手段来预防。此外关于财政风险预警机制的研究还有很多,像武彦民、丛树海等学者都试图通过选择相关指标继而构建财政风险预警系统,实时测评风险状态。

还有的学者是研究社会保障总体风险以及养老保险在其中的重要作用。杨仁君(2004)将中国的社会保障风险分为制度建设风险、财政建设风险、社会管理风险和制度管理风险,其中养老保险的财政风险尤为突出,历史债务庞大、个人账户的空账运行以及养老保险收支失衡等等,针对上述风险可以通过转变观念、提高风险意识,建立风险的专项资金,以及将社会保障转嫁给商业保险,建立风险预警系统等来规避风险。林治芬(2004)则认为社会养老保险的财政风险主要包括转轨成本、空账运行的缺口和制度自身运行所形成的收支缺口等,可以通过养老保险财政转移支付制度,即确定一套科学合理的测评方法体系来衡量各地区的社会养老保险的困难程度,合理确定中央政府和地方政府的责任范畴,确认转移支付的资金来源及数额。邵伟钰（2003）认为养老保险是一国财政风险的隐患，可以通过加强社会保障法制化建设，多渠道筹集资金，严格控制提前退休等手段来防范风险，其中尤其强调人口老龄化会带来巨大的成本增加，严格规范退休制度是有效手段之一。王小君（2005）认为我国社会保障制度在资金的筹集和支付两方面都可能导致其自身发生收不抵支，财政作为风险的最后承担者必须面对，所以社会保障风险是财政风险的重要组成部分，而养老保险风险是社会保障风险的重要组成部分。养老保险的筹资渠道单一，企业的拖欠导致养老基金收入有限，而在人口老龄化的压力下，再加上保值增值能力有限，养老保险资金会使财政面临巨大压力。针对上述问题，王小君提出了加强法制化建设，强化监管力度，通过养老基金投资多样化来实现保值增值，以使财政更好的防范养老保险的风险。吴国起、韩玲慧（2011）分析了人口老龄化背景下的欧洲社会保障制度的财政支出压力很大，高福利制度导致工资税的负担很重，建议协调处理好中央政府和地方政府的关系，适时可以允许地方政府发行公债，通过经济的持续性增长努力实现财政收支的动态平衡职能，让市场在其中发挥作用。

还有少量学者是直接研究养老保险的财政风险。郑洁、翟胜宝（2010）认为财政是养老保险制度的经济基础，世界上各个国家的养老保险制度运行过程中只要出现困难，都由财政注入大量资金，承担最后责任人的角色，从宏观上对整个养老保险承担责任。养老保险制度存在筹资机制不健全、养老金支付缺口日益庞大、养老保险基金保值增值压力巨大等问题，这些都会导致养老保险财政风险不断增强，为了防范风险，可以通过加大法制建设力度，开辟多元化的筹资渠道、强化监管、建立社会保障预算、合理划分中央和地方间的事权等方式来实行。吴丽丽、卢成会（2016）认为，虽然中国城乡居民社会养老保险完成了制度上的并轨，社会保险制度从"特惠"向"普惠"

转变，制度建设的历年虽然转变，但制度并轨的过程中还是存在一系列问题，其中城乡居民的社会养老保险基金来源不稳定是关键因素，这就需要加大政府的财政支持力度，以保证社会养老保险的资金来源。但我国现阶段的经济发展水平对于构建"普惠型"的养老保险还是存在财政压力的，如果处理不好极易形成财政风险。

除了从养老保险和财政之间的关系入手研究外，还有的学者从养老保险制度本身的运行来研究养老保险风险。王越敏（2007）从养老保险制度的可持续性角度出发，认为可以通过多渠道筹资机制消化转制成本，加强养老保险基金的收支管理，增强制度的可持续性，同时财政应该加大投入力度，通过建立养老保险基金预警机制和补偿机制来保障养老保险制度的可持续性。王利军（2005）通过对养老保险转轨隐性债务、个人账户空账缺口的分析，提出了提高政府养老保险债务的透明度以及强化监管等措施来规避风险。宋倩、郭超（2003）提出社会保障资金供给严重小于需求，随着人口老龄化的发展，养老保险基金支付面临严重危机，由于财政在养老保险制度中担任最后兜底人的角色，当养老保险资金不足额时，最终会增加财政负担，针对上述问题建议通过建立社会保障预算，以及征收社会保障税来防范风险。袁涛（2016）通过对中国养老保险制度的城乡统筹阶段到制度融合阶段的历史梳理，总结了现阶段的养老保险制度已经进入了一个发展的新时期，基本养老保险制度城乡统筹，结束了多元碎片化，逐步走向了制度融合和制度统一，形成了"工保"和"居保"两大块社会养老保险的结构构成。在养老保险制度的完善过程中，各级财政都有相应的财政支持，这会为各级财政带来不小的负担。李红岚（2015）从城乡居民养老保险筹资的角度，分析了养老保险资金缺口增大，主要是由于养老保险基础养老金缺乏正常的调整机制，待遇增长落后于经济增长；参保人员按最低档次缴费导致养老金的结构失衡不易管理等问题,针对这些问题提出了建立调整机制、建立城乡居保动态筹资机制等对策建议。

养老保险制度包含的内容很多,目前研究较多的是城镇企业职工的养老保险制度运行情况及其风险,也有的学者开始研究新型农村养老保险制度的运行以及机关事业单位养老保险制度的财政风险。如朱丙豪、赵敏(2008)从机关事业单位的角度来分析养老保险财政风险,因为养老保险只要交够15年就能享受,所以参保缴费职工逐年减少,养老基金收入规模不断下降,欠缴保费问题突出,与此同时离退休人员急剧增加加大了基本养老金的支出。他们提出可以通过扩大征缴覆盖面力度,拓宽基金来源,加大财政投入,弥补基金不足,并且通过建立养老保险基金的预警机制和激励约束机制来规避养老保险财政风险。梁发苇(2016)认为基础养老金是一种公共产品,政府理应对基础养老金承担完全责任,但现实情况是人口老龄化又遭遇经济下行,财政补贴的压力增加,在延迟退休、养老金入市、力推全民社保等措施都实行的情况下,财政的压力依然很大。姜玉贞(2016)是从事业单位养老保险制度改革的角度来分析,认为改革的实质就是由现收现付制转向部分基金积累制,这会带来巨大的转制成本,这些成本将给财政带来很大的负担,当期的财政压力剧增,未来的财政支出确定,再加上人口老龄化和机关事业单位赡养率的持续走高,养老金未来的支付压力会很大。机关事业单位养老保险的财务可持续性问题应该引起重视。

可见,在养老保险会对一国财政带来风险的问题上,现有研究成果有着相通的认识,有利于对此问题的早日解决。

1.2.2 人口老龄化引致的养老保险支出财政风险研究

关于人口老龄化的相关研究开始的较早,研究成果也较多,国内外学者也都意识到人口的老化会给一国财政支持养老保险带来风险。早在 1974 年 Feldstein 就对现收现付模式提出质疑，认为一旦发生老龄化会给一国财政带来风险。1997 年世界银行的一篇"养老保障：中国养老保险改革"，对中国体制转轨下的养老金债务额进行了估算，建议进行多支柱的养老金体制改革。戴维·麦卡锡和奥莉维亚·米切尔（2002）分析了人口老龄化的背景下，一国的养老金支出规模会越来越大，从而给财政带来支付风险。戴维·怀斯和乔纳森·格鲁伯（2002）在对西方发达国家的人口老龄化情况进行分析之后，建议发展中国家可以借鉴其经验，尤其是国家在养老保险支付中的政府责任、支付能力和支付风险发生的可能性等方面。

随着国外人口老龄化研究的不断深化，国内学者也从借鉴国外经验开始，为中国的养老保险在人口老龄化背景下的风险及发展对策提供建议。蔡红华等（2011）通过对法国、德国、日本、新加坡等国的农村养老保险制度的梳理，发掘出对中国的启示，农村社会养老保险的开展要与一国的经济发展水平相适应，通过完善法律体系发挥政府在其中的作用，就中国的现实条件而言，农村的家庭养老保障方式仍将发挥重要作用，这样可以为财政减少压力，减轻财政风险发生的概率。

在借鉴国外经验之后，很多学者开始分析中国的不同省份在人口老龄化背景下养老保险会面临的问题及应对措施。如吴颖倩、孙文生（2010）发现河北省存在老龄人口绝对量上持续上升，分布的地区差异明显，城乡的人口老龄化程度不同步等问题，通过灰色预测模型，预测河北省的老年人口呈上升趋势。可以通过更新观念、区别对待城乡老龄化问题，城市可以发展社区老年服务体系，农村则应由财政加大扶持力度。而陆遥等（2011）通过对上海市的养老模式进行分析，努力寻求最适合中国的养老模式，上海是在全中国率先进入老龄化社会的城市之一，很大程度上可以看成全中国的缩影。家庭养老、社会养老、居家养老可以说是各具利弊，但比较起来，在中国现在的发展水平上，居家养老应该是最合适的方法，既可以充分利用家庭现成的资源，也可以减轻财政的负担。

更多的研究是基于全中国的背景来做的，如刘险峰等（2011）基于现代社会政策分析了人口老龄化对一国养老保险的影响，现代社会的高速发展导致人口的死亡率迅速下降、出生率迅速下降，继而引发了老龄化，可以通过调整生育政策，构建新型养老模式，从家庭养老改为社会养老，并且要推动养老金制度的改革，防止给财政带来风险。苏柳竹（2011）通过分析我国人口老龄化的形成原因，建议可以通过计划生育政策适度放宽来减缓老龄化速度，通过人口素质的提高来转变经济增长的方式，同时鼓励老龄人口退休后再就业等手段减缓老龄化程度，从而减轻财政在养老保险方面的负担。罗倩妮（2011）通过分析人口老龄化的发展带给各级财政巨额的财政补贴支出，继而得出由于巨额的财政补贴支出可能引发财政支付危机的结论。据罗倩妮计算，人口的抚养比从1980年的1∶12.8变为2010年的1∶2.5，抚养比的上升势必会给财政带来新的支出压力。陈鹏军（2011）在分析了中国老龄化趋势后，揭示出人口老龄化导致社会养老保险基金的维系压力越来越大，从收、支两方面都会对基金的维持带来压力，进而给财政带来压力。他建议通过提高参保能力和参保意愿来增加养老保险基金的收入，同时加大老年产业开发和老年公益事业发展，这样既满足了老年人的需要，也为国家建设贡献了力量。薛晓鸣（2011）认为中国目前采用居家养老模式是最实用的，推广起来成本低，老年人不会不适应，符合传统养老的习俗，减轻子女负担的同时也可以减轻财政压力。建议政府要重视，社区的养老机构和设施要不断完善，大力发展专业人士和志愿者服务，政府也可以通过税收优惠来支持养老服务机构的发展。

还有些学者是通过建立计量模型来验证人口的老龄化程度和养老保险的相关性。如李军（2005）通过构建计量模型分析了人口老龄化对养老保险体系的影响。养老金收益的增长情况和人口老龄化程度的相互影响，人口老龄化会导致养老保险基金出现根本性的危机，这里指的是账户的收不抵支。章晓英（2011）通过实证分析发现人口的老龄化程度和养老保险基金支出之间存在长期均衡的协整关系，并通过了 Granger 因果关系检验。认为老年人口赡养比是导致养老保险基金支出的 Granger 因，建议通过延缓或适度放松计划生育政策、延长退休年龄等方法来应对。

1.2.3　城镇化引致的养老保险支出财政风险研究

所谓城镇化是指人口从农村迁移到城镇以及城乡居民生活质量不断提高的过程，通常是和一个国家的工业化相伴随而发生。中国的城镇化被称为是 21 世纪影响世界的两件大事之一，引起了国际上很多学者专家的注意。Asssar Lindbeck（2004）通过对中国养老保险制度改革分析后认为，中国目前的不同养老保险制度使得不同的群体面临的风险不同，在城镇化快速发展的背景下，政府必须高度重视不同群体的养老保险水平设计的合理性，这也是符合公平准则的。

国内对城镇化与养老保险制度关系的研究，最早是卢海元于 2003 年开始的，他认为农村社保制度的缺失会导致城镇化发展受限，两者是相互影响的，城镇化发展会有利于社会保障制度的完善，城镇化是和工业化水平相联系的，而社会保障制度的完善可以进一步促进城镇化的完善。王干、鲁全（2013）通过分析城镇化和养老保险制度之间的关系得出，基本养老保险制度的不断完善有利于构建高质量的城镇化，而高质量的城镇化对于基本养老保险制度的完善也有着重要的财务意义。就像党的十八大报告中指出的，养老保险制度是现代社会保障制度的核心组成部分。而城镇化的发展离不开完善的养老保险制度来推进，加速推进的城镇化进程有利于各项基本养老保险制度的收支可持续性。所以，城镇化和养老保险制度改革是相互促进，互有裨益的。

借鉴国际经验来为中国的改革所用，卢海元（2010）通过阐述英国城镇化过程和社会保障制度建设之间的变化历程，从中找出中国可以借鉴的地方，以避免像英国一样付出沉重的代价。建议实施与城镇化发展速度相适应的社会保障政策，其中包括养老保险政策；适应全世界养老保险制度改革的趋势，合理界定国家、单位和个人之间的养老保险责任，防止财政负担过重。

学者们在研究中基本达成一致的是城镇化是农村人口的城镇化。时代（2005）分析了农村人口城镇化的制约因素包括：农民自身的素质问题、传统观念中土地是万物之本的偏好、商品经济的不发达、土地经营方式的约束以及规章制度的制约。建议首先提高农民自身素质，加强农村基础设施建设，努力推进农业产业化，真正实现农民的人口城镇化。王静（2007）分析了城镇化过程的核心就是农村人口的城镇化，而且还要依托乡镇企业的发展，在新农保推进的过程中，一定要和农村的经济发展水平相适应，超前和落后都不利于制度的推行。最主要的是要考虑农民自身的适应能力，既能够给农民带来实惠，又不给财政带来太大的压力。王茶香（2011）认为，城镇化是一个国家和地区经济、社会发展的必然趋势，也是一个国家工业化、现代化的强大动力和载体。并采用分要素法预测了全国人口数和不同城镇化率下的城镇人口数，模型模拟的结果分析是，城镇化增长率越高，城镇人口结构越年轻化，可以适当减轻城镇养老保险的压力，减少国家财政的养老保险基金的缺口，应该大力发展城镇化。

城镇化过程中农民的收入问题是一个关键，解决得成功与否直接关系到制度的可持续性。李靖（2003）研究发现城镇化发展水平和农民的收入水平正相关，即城镇化水平越高，相应的农民的收入水平就会越高。而随着农民的收入水平提高其自我养老保障的能力也相应提升，可以缓解财政压力。刘志明（2010）分析了城镇化过程中失地农民存在补偿方式单一、缺乏劳动技能再就业不容易、社会保障覆盖面窄所以保障水平低等问题，建议通过提高征地补偿标准、鼓励就业、逐步完善社会保障制度等措施来保障农民权益。

在研究过程中，学者们都从制度的有效运行、政府的职能作用发挥有效与否以及法律制度的健全等方面进行了研究。如有些学者认同通过城乡制度一体化来解决城镇化过程中的制约因素，付景远（2006）认为农民失地后生活缺乏保障，养老没有依托，不利于和谐社会的构建，建议通过城乡社保制度一体化来免除农民对失地后的养老生活的顾虑，实施造血式的安置方法，甚至可以通过建立专项失地农民保障制度来保障失地农民利益。冯尚春、丁晓春（2009）通过分析中国特色的城镇化道路，以及城市、农村社会保障制度的差异，并通过原因的解析得出了城乡社会保障制度应该统一的对策。邱文凯、孔霜霜（2016）通过运用VAR计量模型，研究了社会保障覆盖率与城镇化进程之间的关系。模型结果显示一个国家的城镇化水平和社会保障水平是相互促进的，必须深化社会保障改革，才能与城镇化发展共同进步。孟祥飞等（2015）以辽宁省为例，得出了推进以人为本的城镇化推进过程中，必须要有完善的社会保障体系、增加就业渠道等措施，才能使城镇化的效果更持久，从而提高一个城市的贫困综合治理能力。

有些学者则重视在城镇化过程中的政府职能定位，如孔云梅（2009）分析了在城镇化建设的过程中，农村养老保险制度中的乡镇政府职能发挥的不到位，要想达到预期效果，就得发挥政府的主导作用，这样才能加快农村的城镇化进程。林晓洁（2014）分析了我国的城镇化水平和社会保障之间的关系，以1980~2011年的数据为基础，利用协整分析的方法，实证分析得出我国城镇化率和社会保障支出之间的关系。我国城镇化对社会保障支出有显著的促进作用，城镇化率每增加一个单位，相应的社会保障支出会有 5.2 倍的增长。在十八大以后，"城镇化"被提到了一个很高的位置，我国的城镇化每年都在加速发展，相应的对社会保障支出会提出更高的需求，这会对财政支出带来压力。

还有些学者则是从法律的层面分析了城镇化，如陈敏（2010）通过分析城镇化过程中养老保险制度的发展，建议完善相关法律，强化家庭保障功能，建立因地因人制宜的养老保险制度，区别地区区别对待，不搞一刀切。

1.2.4 通货膨胀引致的养老保险支出财政风险研究

EduardH. M. Ponds & Niels E. Kortleve（2006）分析了在通货膨胀的情况下，一国的养老金如何保持基金的安全性和基金的持续性，财政支持是必不可少的，但也必须考虑财政的风险。黄艳、闫泽滢（2004）在对德国有效控制通货膨胀率的情况进行分析以后发现，通货膨胀率虽然控制住了，但经济增长乏力，除了经济结构老化的原因，高福利是主要原因，应该适时改革高福利政策，防止养懒汉。该篇文章论证了通货膨胀和社会保障制度之间的相关性。

江芹（2008）通过建立经济模型分析了通货膨胀和个人账户养老金缺口的相关度及影响，建议建立基本养老保险个人账户的通货膨胀风险预警系统，密切关注两者之间的联动影响，以及通过多方面手段提高养老基金的投资收益率来减少通货膨胀对社会养老保险个人账户基金的影响。胡宁生、哈金才等（2008）建议完善社会保障机制，其中主要建议是养老社会保险可以通过建立动态物价补贴机制来弥补通货膨胀导致的资金贬值。例如，在全国物价预期不乐观的情况下，社会保障的给付水平会受到影响，受保人群的福利水平会下降，通过动态物价补贴机制可以预防此种情况的出现。

王自力（2008）分析了中国现阶段通货膨胀的主要特征并预测了其未来的发展趋势，通货膨胀会导致本币贬值，继而使得社会保障制度的建设成本上升，给财政带来不小的压力。

刘渝琳、陈书（2012）通过变参数模型，实证分析了增加的养老保险支出水平在一定程度上被通货膨胀所抵消。一方面，通货膨胀会使低收入者的财富缩水，从而加大了对社会养老保险的诉求，另一方面，人口老龄化的持续加剧要求增加财政对于养老保险的财政支出和补贴。变参数模型的检验证明了当养老保险基金支出指数低于通货膨胀率时，社会保障效应就会有所损失。她们的模型估计结果显示，当我国的财政社会保障金支出增长率在32.48%以上时才能抵挡通货膨胀、人口老龄化的冲击，实现社会保障水平的真正提升。

马洁（2013）从通货膨胀的视角，运用模型测算出了2012年到2030年的养老金缺口，既包括统筹账户的资金缺口，也包括个人账户的资金缺口。在测算的基础上分析了养老金缺口的产生原因，借鉴了国际上其他有效的解决养老金资金缺口的经验，继而提出了应对措施。通货膨胀在养老金的运行过程中不容忽视，是一个必须要考虑的问题。

李茹兰、迟燕荣（2013）通过建立个人账户养老金给付平衡模型，测算了利率、通货膨胀率、领取月数对个人养老金的影响。得出了通货膨胀对养老金个人账户的损失可以看作是由政府和个人共同买单的一种支取方式的结论，但在其中个人承担的损失要高于国家的损失，由此可见，通货膨胀导致的养老金个人的损失会更大一些。

以上的研究都是通过构建模型发现了通货膨胀和养老保险之间的联系，继而探讨了如何通过制度完善来适应不同情况的通货膨胀。

1.3 研究的思路、方法与内容

1.3.1 本书研究的思路和方法

本书在财政支持养老保险存在风险的基础上，结合国际经验，从人口老龄化、城镇化和通货膨胀等方面分析养老保险支出的增加对一国财政风险的形成有何影响，并提出了相应的政策建议。

论文的研究框架图如图1.1所示。

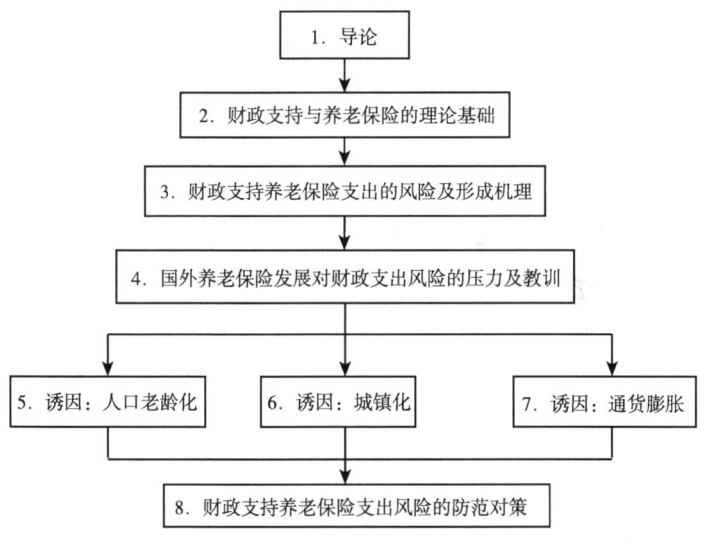

图1.1 研究框架

论文采用的研究方法
(1) 理论综述法。
通过书籍资料和电子资料的检索，得到了现阶段国内外关于财政风险和社会养老保险相关风险的资料和数据，分析了财政风险中的一个重要子风险即社会养老保险财政风险的现有研究成果,并以此作为本文的研究起点。

(2) 对比分析法。

发达国家由于社会养老保险机制实行的时间长,经验和教训都比较丰富,所以是我国的重要参考,在本书中,既有不同国家之间的横向比较,也有对中国社会养老保险制度发展沿革的纵向比较,通过横向比较和纵向比较相结合,总结经验、汲取教训,避免中国再走他们的老路,从而减少改革的成本。

(3) 定性分析与定量分析相结合。

本书在对财政支持社会养老保险研究的过程中,既对财政支持社会养老保险的理论依据、国际相关经验及制度变迁历史等进行了定性分析,又通过若干计量模型对一些数据进行了测算。试图通过定性分析和定量分析相结合来把问题说清楚。

(4) 静态分析与动态预测相结合。

静态分析,就是不考虑时间维度来分析财政支持社会养老保险的影响因素及其之间的相互影响。而动态分析则是在静态分析的基础上通过模型预测财政养老保险风险的未来发展趋势。

1.3.2 主要研究内容

第 1 章为导论部分,概要地介绍了本文的选题背景和意义,对国内外研究情况进行了评价与分析,最后给出本文的研究思路、方法与内容,并指出文章可能的创新之处。

第 2 章为相关概念与理论基础。介绍了财政风险和养老保险的概念,并就财政支持养老保险的主要理论依据进行了简要的阐述,包括国家干预主义理论、莫迪利安尼的生命周期假说、世代交叠模型和庇古的福利经济学。最后对养老保险的财政支持责任进行了分析,包括支持的理由和支持的具体内容。

第 3 章为养老保险支出的财政风险及其形成机理。本章首先从欧债危机来看养老保险支出对一国财政的影响,及其可能引发的财政风险。接着阐述了中国养老保险的发展沿革,并分别就机关事业单位退休人员、城镇企业退休人员和新型农村养老保险做了成本分析。最后阐释了养老保险支出造成财政风险的形成机理。

第4章为国际经验及教训。分别选取了投保资助型、福利国家型、强制储蓄型养老保险模式的代表性国家,以美国、英国、智利为代表,介绍了其各自的发展特点及对中国养老保险财政风险的借鉴。

第5章为中国养老保险支出的财政风险诱因之一:老龄化。首先介绍了人口老龄化的基本界定。其次阐述了中国人口老龄化的演进历程及预测,从绝对量上人口总数量的变动,到相对量上人口年龄结构的变动及预测等。最后论述了人口老龄化对财政关于社会养老保险支出风险的影响。

第6章为中国养老保险支出的财政风险诱因之二:城镇化。首先介绍了城镇化的内涵及其在中国的发展现状。接着介绍了城镇化的国际比较,总结了经验和教训,探讨值得中国借鉴的方面。最后论述了城镇化对养老保险支出风险的影响。

第7章为中国养老保险支出的财政风险诱因之三:通货膨胀。首先介绍了中国通货膨胀的特征及其趋势,接着介绍了通货膨胀的国际比较,包括发达国家和发展中国家各自的通胀特点,最后分析了通货膨胀对养老保险的影响,以及对财政支持社会养老保险支出风险的影响。

第8章在前述各章的基础上,提出了防范养老保险支出的财政风险对策建议。首先是优化财政支出结构,提高财政支出效率,包括提高管理水平、多渠道筹集养老保险资金和合理界定中央财政与地方财政的职责范围,做到财权和事权相匹配。其次是加强养老保险基金的管理水平,通过创建养老保险基金管理公司,增加基金的保值增值能力,科学延长退休年龄,减缓养老金支出压力以及建立养老保险物价联动调节机制等方面，再次是降低机关事业单位的替代率，减少财政压力，最后是增加农民收入来减轻财政支持风险。

1.4 本书的创新之处

目前在理论界对财政风险的研究多处于起步阶段，财政风险包括债务风险、金融风险、赤字风险、收入风险和支出风险等等，关于养老保险的财政支持风险的研究也有，但研究的多为某一类养老保险，比如城镇企业的养老保险财政支持风险、新型农村养老保险的财政支持风险，关于中国养老保险的整体情况研究目前还比较少见，研究文献也比较零散，数据也难以获得，使本书的研究遇到不少困难。综合起来，本书的创新之处集中在以下四个方面：

第一，本书在财政学和社会养老保险的理论基础上，分析了在人口老龄化、城镇化和通货膨胀的共同作用下，中国社会养老保险支出的财政风险及其应对措施。在分析的对策上，不仅从财政的收入方面考虑，也会考虑财政的支出，力图全面分析财政风险。

第二，人口老龄化、高龄化的日益严重，对任何国家的养老保险支出都是一个不小的挑战。目前对中国养老保险的研究，多为养老保险的某一部分，本书试图将养老保险的城、乡体制都考虑在内，从养老保险的全部体制成本来监测其财政支出风险。

第三，中国的城镇化在世界上是受到普遍关注的，城镇化直接带来的是农村人口的减少和城镇人口的增加，而现阶段中国的城乡社会养老保险待遇水平是不均等的，城镇养老待遇水平明显高于农村，而城镇化加快发展的后果就是国家在养老保险方面的支出会迅速增长，从而给财政带来风险。目前研究城镇化对养老保险财政风险影响的文章尚不多见,本书试图从这一角度来分析其对养老保险财政风险的影响。

第四,中国现在存在轻微的通货膨胀。通货膨胀会给已经征收的养老保险基金带来贬值的风险,也会给现阶段的财政支出带来风险。因为养老保险待遇不是一成不变的,而是随着物价水平和工资待遇联动调整的,通货膨胀会使整个社会的物价上升,从而给财政带来增加养老保险支出的压力。

第 2 章

相关概念与基础理论

2.1 财政风险与社会养老保险

2.1.1 财政风险的内涵

财政就是指在现代市场经济条件下,一国政府为了给社会公众提供公共产品和纠正市场机制失灵而对一部分 GDP 或国民收入所进行的具有强制性和无直接偿还性的分配活动,体现了政府与其他经济主体之间的利益关系。简单地说,财政是为了实现国家的职能,满足社会的公共需要,并以国家为主体,借助于政府的预算支出,对一部分社会产品进行集中性分配的形式。从财政的内涵中可以看出:第一,财政是一个分配范畴;第二,财政分配的主体是国家(或政府);第三,财政分配的客体是一部分社会产品;第四,财政分配形式与一定的经济形态相联系;第五,财政分配目的是满足国家实现职能的需要;第六,财政分配的过程主要依靠政府预算收支来实现。

风险是和机会相对的一个经济学概念,简而言之,机会是未来收益的不确定性,而风险则是未来发生损失的可能性。最早从经济学角度提出风险定义的是美国学者海斯,1895 年海斯提出风险就是损失发生的可能性。美国芝加哥学派的著名理论家弗兰克·耐特于1921年出版了《风险、利润与不确定性》一书,耐特认为风险从数学的角度看就是概率估计的不确定性,这是从概率论的角度分析经济学概念风险。耐特将风险与不确定性进行了区分,不确定性是指经济行为人在经济活动中的对策和产生的影响无法准确估计,最终的结果可能是获利,也可能是产生风险发生损失。所以不确定性是有两种结果的,而风险的结果是确定的,那就是发生损失。关于风险概念的界定,美国学者威廉斯的"结果变动说"则是受到学术界的广泛认可。他认为在一些特定条件下(比如时间段、相关约束条件等),如果事件还是最终会有两种或两种以上的结果发生,那就是风险是存在的。综合上述观点,风险就是在人们的目标既定的前提下,由于一系列不确定因素的影响,导致实际结果与预期目标相比较而言,发生损失的可能性。只要在人们有目的的活动中,不确定因素不会发生,预期目标得以实现,人们的活动就会处在无风险状态。风险的发生不是孤立的,风险因素最终是否算做风险要看结果是好的还是不好的,风险和预期目标是并存的,如果结果不是预期目标,而是比预期还要好,那即使有两种以上的结果也不能算做风险。

  风险概念与财政概念结合在一起,便构成了财政风险的概念。财政风险就是财政收不抵支,在未来出现支付危机的可能性。关于财政风险的概念,国内相关的文章已经写了很多,但还没有一个大家普遍接受的说法。国内最早出现财政风险这一概念是在1996年财政部的政策报告:《国家财政困难与风险问题及振兴财政的对策研究》,在该报告中首次将财政风险定义为"财政风险,是指在财政发展过程中由于某些经济和社会因素影响,给财政运行造成波动和混乱的可能性,集中表现为巨额财政赤字和债务危机。"这个定义将财政风险的主要成因归为是社会因素和经济因素。财政作为政府干预、治理社会的手段,只要处理好收支关系,不产生巨额财政赤字和债务危机就不会引致财政风险。并从"收""支""债""平"四个方面阐述了财政风险的产生。这个报告可以说奠定了国内财政风险相关研究的基础,此后的很多文章在写财政风险时都是按照这个思路来写的,甚至可以说是一种分析套路。

关于财政风险的概念,在现阶段研究成果中,依然存在不少分歧,还没有一个权威的、普遍接受的界定。理论界对财政风险的分析已经有很长时间了,现在再次引起人们关注是由于欧洲债务危机的爆发,以及之前的美国债务危机,这都使得整个资本主义世界再次开始密切关注财政风险。归纳起来可以从以下四个角度来分析财政风险的概念。

第一个角度,从财政收支的角度进行阐述:欧林宏(2003)认为财政的收入和支出之间由于数量上的不对称造成了收支不均衡,再加上财政收不抵支导致国家机器无法正常运转和国民经济不能良好运行,给社会带来危害,形成财政风险。杜威等(2006)则认为财政风险是各级财政在整个的组织财政收入和安排财政支出过程中,由于不确定性因素、管理方面的疏漏以及财政本身计算上的不足,导致财政支出额外增加而收入却发生减少,最终引致财政风险的发生。化莲英等(2007)认为财政风险是一国宏观经济总风险的构成部分之一,具体说来就是财政收不抵支引发的支付危机,会演化为财政风险。单继祥(2011)是从财务运行安全的角度考虑了财政风险,财政资金在运行过程中遭到破坏的概率,由于一些大型工程的建设导致长期资金的短缺和预算过程中的赤字预算政策的执行导致收支结构失衡,财政收入严重不能支持社会总需求,造成财政风险的发生。

第二个角度,从引起财政风险的诱因来阐述财政风险的内涵:梁永花(2000)认为引起财政风险的因素是包括多方面的,比如制度因素、自然因素、经济因素等,这些都会导致财政活动出现不确定性，继而发生财政风险。邵伟钰（2003）则认为财政风险的主要表现形式是持续收不抵支、财政赤字增加。这些表现就是诱使财政风险发生的原因，由于财政资金的运行过程中出现意外或者是运行秩序遭到破坏导致财政风险出现。赵晓菲（2003）认为财政风险是指由于政府决策失误、不确定的经济因素或财政政策本身的缺陷等原因造成的财政资金运行的损失和破坏。由于社会经济的发展，风险也会出现得越来越频繁，财政风险并不是某个部门的风险，而是整个国家或整个社会的财政风险。董为（2006）通过分析发现导致一个国家财政能力不正常或者说财政的正常运行遭到破坏从而引发财政风险的原因是多方面的，包括经济运行中的供给和需求的不均衡、财政制度本身存在的设计缺陷和能力缺陷以及政策在执行过程中的失误操作等原因。

第三个角度，从政策主体身份的角度阐述财政风险的内涵：刘尚希（2004）认为，政府在经济运行中是扮演多重角色的，既是一个市场经济活动的参与者，同时也是政权的所有者，承担着社会公共服务的职能，在计划经济体制下政府突出强调的是所有者身份，而在市场经济体制条件下更多的是强调政府的公共服务主体身份，但由于制度惯性和制度设计的缺陷导致财政风险呈现出了"一锅烩"的特点，收益和风险不对称，风险具有隐蔽性和长期潜伏性，累积到一定阶段一旦爆发会带来严重的后果，将会产生严重的财政危机。

第四个角度，从社会主体身份的角度去理解公共财政风险。随着对财政风险研究的不断深入，在近期的研究中有不少文献开始从社会主体身份的角度去理解财政风险。丛树海提出：财政风险已经不仅仅是某个国家部门的事情，而是来自各方面的各种不利因素综合作用的结果，包括社会、经济、政治和自然等方面的原因导致国家财政出现动荡，银行的信用流通体系出现动荡，以及货币的供求状况不稳定等都会引致财政风险的发生。刘尚希研究员在2010年出版的一本专著《公共风险视角下的公共财政》中，已经将财政风险视为一种公共风险来对待，这是和市场经济体制相联系的，和他在2003年的观点相比已经有了很大的不同。

2.1.2 财政风险的类型

分类是了解一种事物最为有效的方法，我们可以依据不同的分类标准来对财政风险进行分类，继而更具体的认识财政风险。

（1）依据财政风险的诱因来源不同。

可分为内生性财政风险和外生性财政风险。所谓外生性财政风险是来源于财政运行系统以外的各种因素所导致的财政风险，如社会因素、技术变革因素、突发自然灾害、政治环境改变等导致财政支出短期急剧增加或财政效率下降而带来的风险。所谓内生性财政风险是指来源于财政运行系统内部的因素所导致的财政风险，如财政相关立法滞后、财政监督不力、公共决策缺乏透明度等导致的财政效率下降而带来的风险。

（2）依据财政风险的归属级次来划分。

可分为中央财政风险和地方财政风险。中国目前是实行一级政权一级财政来编制一级预算的，五级政府五级预算，分别是中央、省、市、县、乡，其中省级及以下统称为地方政府。所谓中央财政风险就是中央一级政府所面临的财政风险。地方财政风险则是指各级地方财政所面临的风险，包括省（包括自治区、直辖市）一级的财政风险、市级（包括设区的市、县改市）财政风险、县级财政风险、乡镇级财政风险。

（3）依据财政风险的隐蔽程度不同进行划分。

可分为显性财政风险和隐性财政风险。所谓显性财政风险是指来自于政府自身的直接债务风险，政府已经通过合同或特定的法律确认了的必须由政府来进行偿付的债务。如一国政府向国内外发行的公债，或者向世界银行、国际货币基金组织等的借款等；所谓隐性财政风险是指不容易觉察的，风险因素处于隐蔽状态，虽然政府并没有因为签订合同或颁布法律而必须承担，但是由于政府的社会管理者角色，当一些突发事件发生时，迫于社会压力或政治压力，政府会承担道义上的责任，从而成为最后的支付人。这会导致财政支出的急剧增加，而在这些事件发生之前财政风险根本无法觉察，如公共养老金的巨额缺口、突发性的自然灾害、金融机构发生危机等等。

（4）按照财政运行过程中的风险产生阶段。

可以将财政风险分为财政收入方面的风险，财政支出方面的风险，财政债务风险，财政赤字风险和社会保障基金损失和缺口风险。其中，财政收入方面的风险是指由于经济形势的不确定导致未来的财政收入不能确定，具体体现在收入规模、结构等方面的不确定性；财政支出风险是由于自然因素、社会突发事件等导致财政未来的支出具有不确定性，具体体现为财政支出数量、支出的具体组成、支出的优化配置等方面的风险。财政支出是政府将其所集中起来的社会资源进行再分配的过程，由于支出事件的不确定性会导致财政支出的不确定，引发财政风险；财政债务风险是指一国财政未来发行公债的规模是不确定的，虽然债务支出在一定程度上具有确定性，但由于收入的不确定性会导致收支的余额具有不确定性，具体包括内债风险和外债风险，可以从规模、结构、使用效益等方面测算；财政赤字风险是指由于政府的收不抵支产生赤字，赤字规模的未来不确定性，具体体现在赤字增幅较大、隐性赤字较多、结构性财政赤字规模不断攀升。社会保障基金损失和缺口风险是指由计划经济体制向市场经济体制转换的过程中，所产生的转制成本以及社会保障制度运行过程中产生的空账运行成本等。

通过财政风险的分类，可以看出分类依据不同，分类结果就不同，但财政风险的各种分类不是绝对分开的，各类财政风险是相互联系、相互影响的。一种风险的发生从不同角度归类，可以既是显性风险又是内生性风险还是中央财政风险，与此同时，中央风险在一定条件下可以转换为地方风险，地方财政风险也可以转化为中央财政风险。

政府存在的必要性在于弥补市场失灵、化解公共风险，在这一过程中产生的财政风险，自然也属于公共风险。财政风险属于公共风险的性质决定了其具有以下几个特点：一是系统性。财政作为政府调节社会利益的分配工具，财政风险的产生本身就是由于社会运行过程中利益分配的不协调导致的经济损失。要想分析财政风险的解决办法，必须要充分考虑各方利益，这是一项系统的工程，所以财政风险具有系统性。二是普遍性。财政风险普遍地存在于各个国家，各级政府之间。三是隐蔽性。财政风险不像金融风险所谓灵敏度那么高，金融风险可以很快反映到公众生活中，而财政风险不积累到一定程度是不容易发现的，一旦发生就会具有很大的破坏力，影响社会稳定，影响政府的信任度。四是终极性。财政可以说是社会风险的最终承担者，当私人经济风险、金融机构风险等发生时，财政会出面给予援助，但只要不涉及公共安全，财政就不应该管。财政是政府控制经济安全的最后一道防火墙。

2.1.3 社会养老保险

（1）社会保险的界定。

不同的学者对社会保险有不同的表述，不同国家和地区的社会保险内涵也不完全一致。著名社会保障学家郑功成教授通过对各国社会保险实践的考察，把社会保险定义为：社会保险是为了保障劳动者在出现年老、疾病、伤残、失业、死亡等特殊情况时，依然可以体面地活着，通过劳动者在职期间和雇用单位一起缴纳社会保险费（税）的形式，使双方的权利和义务相对称，在劳动者遭遇上述不幸时，可以依靠保险过活，从而维护社会的稳定。

第 2 章 相关概念与基础理论

侯文若教授认为：社会保险属于国家行为，是国家举办的一项重要社会政策。当劳动者遭遇一些不可规避的社会风险，如：生育、年老、失业、疾病、伤残、死亡等，通过社会保险制度的正常执行，依然可以使劳动者保证基本生活能持续，以确保社会稳定。

邓大松教授在他主编的《社会保险》中概括为：社会保险是一种特殊的强制性保险，是国家通过立法的形式，强制要求所有符合条件的劳动者都必须参加的，不仅为这些依靠劳动收入生活的劳动者提供基本生活保障，连带其家人也在受保范围内，从而保证了社会的稳定。

基于上述内容，可以将社会保险的概念表述为：国家为保证劳动者的基本生活，针对劳动群体不可规避的风险而实施的强制性收入损失补偿制度。这种表述方式，文字虽然不长，但包含了社会保险的本质特征，同时为社会保险的不断发展留有空间。

各国的经济发展阶段不同，每个国家在一定时期所能提供的经济保障水平存在较大的差别，因此，各国社会保险实施的范围、内容是不一样的，但每个国家的社会保险都包括养老保险，只是具体名称有所差异而已。

（2）养老保险的涵义。

不同的学者由于考虑的侧重点不同，对养老保险的表述也不尽相同。著名社会保障领域的专家郑功成教授认为：养老保险是国家通过相关制度安排，在劳动者工作期间以养老保险费（税）的形式强制职工缴纳，在劳动者面临老年风险时，可以有尊严的生活，既是对家庭养老的一种补充，也是对劳动者自我保护的完善。

邓大松教授强调了国家和政府的责任，认为养老保险是在劳动者的身体不允许继续劳动时，在经济发展的不同阶段，退休年龄不同，当达到法定退休年龄退出劳动领域后，国家和政府提供物质帮助和服务来保障老年生活。

李珍教授强调的是制度的规范性，认为社会养老保险是国家的一种分配手段，既包括代内分配，即在贫穷的人和富裕的人之间通过养老保险进行收入的再分配，也包括代际分配，即在不同代人之间通过养老保险进行收入的再分配。收入的再分配是为了保障劳动者在年老退出劳动领域之后，通过养老保险基金来保障自己的老年生活，国家要通过立法强制征收社会保险税（费），来保证制度的有效执行。养老保险制度是一个国家社会保险制度中最重要的组成部分，所占份额也是最大的。

学者焦凯平认为养老保险在不同的国家叫法虽然不同，有的称为老年年金，有的称为年金保险，但其实质是相同的，都是指劳动者在达到不适合劳动的生理年龄后，会依据国家相关法律规定，退出劳动领域，国家依法提供老年后的养老生活费用，既包括有形的物质帮助，也包括无形的养老服务等。

基于上述内容，可以将养老保险的概念表述为：国家强制规定的，在劳动者达到一定退休年龄后，退出劳动领域，但能依法从政府手中领取养老保险金以应对老年风险的一种制度安排。

（3）养老保险资金支出的构成。

中国的养老保险支出主要包括城镇养老保险支出和农村养老保险支出两部分。城镇养老保险由城镇企业养老保险和机关事业单位养老保险构成，城镇机关事业单位的养老保险是通过预算列支的，由财政全权负责。企业的养老保险资金是由职工个人缴费、企业缴费和财政补贴构成的，养老保险制度由现收现付制向部分积累制转移，制度的转轨成本、养老保险个人账户的空账运行、养老保险基金的缺口，这都是财政支出的范围。新型农村养老保险的资金支出是由中央财政和地方财政共同负担。

2.2 财政支持养老保险的主要理论依据

养老保险关乎全社会具有准公共物品属性，是任何独立的市场主体都不可能完全依靠自身的力量来完成的，只能由作为社会组织者的国家来完成，社会养老保险资金的管理也需要由国家来完成。财政活动和养老保险之间有着千丝万缕的联系，财政是养老保险活动的坚强后盾。随着社会经济发展水平的不断提高，养老保险也必须随着发展，在养老保险理论的发展过程中，出现了以下几种有指导意义和现实意义的理论。

2.2.1 国家干预主义理论

国家干预主义理论主要经历了由旧历史学派到新历史学派，以及后来的凯恩斯主义阶段。旧历史学派的代表人物弗里德里希·李斯特极力主张国家对经济发展的作用，认为国家应该干预经济的发展，后来发展到新历史学派，更是竭尽全力宣扬国家对社会经济发展的决定性作用，认为国家可以通过颁布法律来促进经济发展。如果说历史学派提出了国家干预经济发展的思想，那么凯恩斯主义就使国家干预主义在整个资本主义社会得到发扬光大。1933年的资本主义大危机，使得凯恩斯主义真正登上了历史的舞台，主张国家干预经济，依靠有效需求来振兴经济，摆脱失业和经济萧条。可以说，凯恩斯主义的有效需求国家干预理论一度拯救了整个资本主义世界，也使得国家干预主义成为了各个国家创建养老保险制度的指导思想。从俾斯麦创建的保险制度，到1935年美国的《社会保障法案》，都强调了国家在养老保险中要承担的责任。

2.2.2 莫迪利安尼的生命周期假说

美国经济学家弗朗科·莫迪利安尼（F. Modigliani）于1986年提出了生命周期假说（Life - Cycle Hypothesis，简称LCH），其主要观点是：每个经济人都会理性地根据其一生的全部预期收入来安排他的消费支出，即在更长时间范围内计划他们的生活消费开支，以达到他们在整个生命周期内消费的最佳配置。

通常情况下，经济人在年轻时收入水平较低，但这时也是一生中消费水平较高的时期，消费会超过收入，形成负储蓄。随着年纪的增长进入壮年和中年，收入的增长会超过消费的增长，在满足即期消费的同时，既可以对以前的负储蓄进行偿还，也可以为未来的老年生活做些准备。等到年纪增大到需要退休或丧失劳动能力之后，收入持续下降甚至没有收入，而基本消费无法减少，只能依靠以前的积蓄了。

理性经济人会根据效用最大化原则来使一生的收入等于储蓄，则消费不再是取决于现期收入，而是取决于一生的收入，其消费函数的基本形式是：

$$C = \alpha WR + \beta YL$$

其中，WR 为实际财富；α 为财富的边际消费倾向，即每年消费掉的财富的比例；YL 为工作收入；β 为工作收入的边际消费倾向，即每年消费掉工作收入的比例。这个消费函数说明，人们的消费取决于实际财富和工作收入，即一生的总收入。而养老保险就相当于是人们将财富在一生中进行配置的手段。牺牲掉年轻时的一些即期消费，以养老保险的形式将财富储存起来用于年老退休后使用。

2.2.3 交叠世代模型

萨缪尔森（Samuelson）、戴蒙德（Diamond）和阿莱（Allais）等人所创立的交叠世代模型（Over Lapping Generation Model）可以更准确的阐释养老保险问题，交叠世代模型认为，在社会的发展过程中，总有不同代的人活着，总有人活在生命的不同阶段，这些人之间不可避免的会发生交叠，包括生活的交叠和政府关注的交叠。这些人在工作期储蓄，以筹措退休期的消费。如果政府关注长期的发展，就会从全局的角度来设计制度，处理好积累和消费的关系，使经济处于稳定的优化状态，同时由于人们知道政府已经为他们老年生活做了准备,所以消费能力会更强一些。如果政府关注眼前当代人的效用,则经济发展会处在不断修正的阶段,人们的消费能力也不如之前的情况高。根据交叠世代模型可以看出,政府干预在影响各代人养老水平方面的重要性。政府可以通过颁布法律,让工作的一代人分给退休的一代人一部分收入,这样就会提高退休人群的消费水平。只要政府执行相关法律,就可以通过代际转移,使得每一代人的退休生活不会有太大改变。通过政府干预可以分散社会风险,实现消费上的帕累托最优。

随着经济的发展,大多数国家都采取了明确的经济政策鼓励增加人们的退休收入,以保证老年人晚年的经济生活。政府长期以来就被认定负有某种保证年老体弱者最低生活水平的责任。在许多国家里社会养老保险已经成为政府履行这一责任的一个重要机制。政府在养老保险的制度安排上发挥着重要作用。如果没有政府强制性的公共养老金计划,而只是让社会个体自由选择储蓄、向商业保险公司购买保险或其他投资方式,社会个体就不能对自己的未来消费做出理性的选择。政府可以通过建立强制性的公共养老金计划,改变个人的决策行为,从而克服由上述原因所带来的非理性的退休储蓄水平或模式。

2.2.4 庇古的福利经济学

庇古是福利经济学的创始人,庇古在其代表作《福利经济学》中从经济福利的角度着重考察了政府干预可以让国民净产品增加,继而使得整个社会的福利水平上升。庇古认为可以通过改善分配情况来增加社会福利总量。边沁主义者认为收入的边际效用符合递减规律,在此基础上,庇古提出了使他名扬四海的著名的福利命题,这两个命题一个是从绝对总量上来说的,即一个国家的国民收入总量越大,则该国公民的福利水平就越大;另一方面是从收入分配的角度来说的,即由于边际效用递减规律的作用，一个国家的国民收入分配越平均，每个人能享受到的福利水平就越大。庇古认为，一个社会的福利水平，不仅取决于整个社会的国民收入总量，而且也取决于国民收入在不同社会成员之间的分配情况。因此要想提高整个社会的福利水平，或者直接增加国民收入总量，或者改进收入分配情况。增加国民收入总量只能通过生产资源的优化配置来实现；又由于收入的边际效用递减，富人的最后一元钱的边际效用小于穷人的最后一元钱的边际效用，只要把收入通过再分配，从富人那里移到穷人那里就可以使整个社会的福利水平提高。

此外，庇古的福利经济学还有一个大的贡献就是它也是"外部效应理论"的理论基础。按照市场经济的交易原则是平等自愿、等价交换，但在实际的经济生活中，总有外部效应存在，这中间既包括正的外部效应，也包括负的外部效应，所谓正的外部效应就是指一个经济主体从事经济活动对其他的主体产生的有利的影响，其他主体没有付出成本但从中有收获；所谓的负的外部效应就是指一个经济主体从事经济活动对其他的主体产生的不利的影响，其他经济主体没有获利但会从中有所损失。外部效应理论是市场失灵的一种表现，市场失灵是政府干预的理论基础，但和市场失灵一样，政府干预也有失效的情况出现。养老保险制度便是政府的收入再分配手段之一，通过代际转嫁，可以使得收入分配更公平，从而增加社会福利。

2.3 养老保险的财政支持责任分析

2.3.1 财政支持养老保险的理由阐释

世界上所有国家的社会保障关系中，政府都是不可或缺的重要角色，养老保险当然也不例外。养老保险具有的外部性特征决定了任何一家私人单位都不会承担这项社会责任的，只能

第 2 章　相关概念与基础理论

由政府来承担。养老保险制度要想正常运行也需要统一的管理体制和统一的资金收取、支付标准，政府可以通过颁布法律来满足养老保险对制度的需求。养老保险是一项复杂的系统工程，单纯依靠市场机制来运行会产生巨大的交易成本，而通过政府的权威及其强制力就可以对养老保险资金的收集、管理、运营、支付各个方面进行强制性规定，降低成本提高效率。当养老保险资金通过自身的运营出现财务困难时，还得依靠财政支持，才能保证养老保险制度的持续性。与此同时，养老保险也是财政职能的重要内容，是政府干预经济生活的有效手段之一。

养老保险制度的运行情况良好与否直接关系到一国国民经济能否健康有序持续的发展。综观世界，各国财政都对其养老保险承担着一定的责任。为了养老保险制度的健康发展，我们有必要明晰政府对养老保险的责任。财政支持养老保险是由养老保险的以下特征决定的。一是养老保险具有收入再分配功能。养老保险通过征收社会保险税（费）的方式，把经过初次分配的收入收集起来，按照相应的规章制度和法律，以某种方式发放给符合领取养老金条件的个人。基本养老保险仅仅维持基本生活需要，不会提供太高的福利待遇。由于在征收社会保险税（费）时主要依靠个人收入水平来定，所以收入多的会多缴纳，收入少的会少缴纳。这样经过养老保险一征一收的过程，一定程度上就会使二次分配更公平。二是养老保险能够纠正市场失灵。市场机制固有的自身不可克服的缺陷，它们在任何时候都不能消失，而只会有程度上的差别。养老保险制度在运行和最后的养老金发放过程中，并不遵循等价交换的市场交易原则，养老保险的参与者和政府之间的信息也不对称，属于市场失灵的领域。所有市场失灵的领域都应该是财政发挥作用的领域。三是养老保险制度可以克服个人的短视行为。个人由于信息不充分会有短视行为，而国家在信息的掌握上、具有完全的信息并且是充分理性的。养老保险制度实际上就是将公民的现期收入的一部分,以法律形式收集起来,在参保人年纪大了符合领取条件时再发给参保人,等于是牺牲了一部分现期收入以应对将来的消费。现在的养老保险制度,各个国家都以法律法规的形式强制执行,劳动法的要求也很严格,所有参加工作的人,不论是公有制单位、个体户还是集体所有制单位,雇主都必须为其雇员缴纳。这是为了防止一些人的短视行为,"今朝有酒今朝醉",或者由于掌握的信息不充分,往往热衷于投资短期项目,提高现期消费水平,等老了没钱养老的时候,还是会将养老问题推向社会,最后还是得国家财政出面为其买单。如果劳动者的退休养老问题不解决,长期积累会对社会经济和稳定带来负面影响。因此,综合上述三个方面的考虑,政府必然会参与到社会养老保险制度中去。

政府是社会养老保险的责任承担方之一,这是已经达成共识的,但政府在社会养老保险中到底应该承担多少责任则还是不确定的。在欧债危机之后,人们进一步意识到养老保险带给财政的风险是很惊人的,所以政府应该做好他该做的,但不是政府职责范围内的政府是不应该管的,管得太宽或者是管得太多,会给一国的财政带来风险。像市场失灵一样,政府也会存在失灵,所以政府只要在政策制定和日常监管等方面做好就可以了,同时要很好地利用市场来为政府减少失灵创造条件。

2.3.2 财政支持养老保险的具体内容

政府在养老保险制度中主要履行以下责任:制度设计、法律体系的构建、兜底人、监管者、实施者。

(1)制度设计。

养老保险制度设计的好坏与否,会直接关系到养老保险资金的运营效果,会直接关系到老百姓年老后的生活,所以政府在养老保险制度的设计阶段,就会出于关注民生,通过调动各方面的力量,利用政府的权威性和强制性来帮助构建养老保制度。

（2）法律体系的构建。

纵观各发达国家的养老保险制度的发展，都是立法先行，通过法律的权威性来保证养老保险制度的实施。而各个国家的立法权都是通过政府来实现的，若想通过法律来保障养老保险制度的运行，只有通过政府部门经法定程序审批，制定出正式的法律条文。

（3）兜底人角色。

养老保险资金通过相应的专门账户来进行收支处理，在资金的筹集、分配、使用的过程中，专款专用来保证资金的有效使用。但当资金自身的财务出现缺口时，养老保险的外部效应决定了只会有财政作为最后兜底人出现，以保证养老保险制度的运行，社会的稳定和和谐。

（4）监管者。

养老保险的监管，既包括养老保险的正常运行的日常管理活动需要按法律规定的程序来进行，也包括监督运行活动是否合法。

（5）实施者。

养老保险制度作为社会管理中的重要一环，随着人口老龄化的不断深入，政府正在养老保险制度中扮演越来越重要的角色，起着越来越重要的作用，引导制度不断深化改革。

不论采取何种社会保障模式，社会保障无疑是各国政府的一项重要社会职能。随着经济和社会的发展，社会保障支出在国民收入和公共财政支出中所占的比重也越来越大。在许多发达国家，社会保障支出是政府财政支出中最主要的组成部分。由于各国历史和现实条件各异，收入分配与经济增长政策选择不同，因而社会保障制度体系呈现多样性的特征，社会保障支出水平也存在较大差异。但从理论上讲，社会保障水平必须与本国经济发展水平基本保持一致，过高或过低的社会保障水平都不利于经济的长期稳定和社会的良性运行。

从社会保障的实质来看，社会保障是用经济手段解决社会问题，从而达到政治目的的制度安排，是促进公平的收入调节机制，它离不开相应的财力支撑。就世界上实行社会保障的国家来看，尽管政府承担的比例有差异，但绝大多数国家在社会保障中总会承担或大或小的财政支出。有些高福利国家甚至承担了社会保障中 60% 以上的费用，如瑞士、新西兰、加拿大、澳大利亚等。政府在社会保障中担负着不可推卸的财政责任，从社会保障制度运行的根本需要来看，财政责任是政府在社会保障中的"第一"责任。近年来，中央高层一直倡导要让老百姓过上有尊严的生活，这就要求政府有所作为，而要求国家财政代表政府和社会对公民的基本生活需求提供公共产品，保障公民生存权就变得义不容辞了。

第3章

财政支持养老保险支出的风险及其形成机理

3.1 从欧债危机看财政支持养老保险支出的风险

3.1.1 欧债危机的过程及其原因

欧债危机是指欧盟内部一些国家出现了主权债务的问题，开始于希腊，并迅速波及其他很多欧盟国家，其中葡萄牙、爱尔兰、意大利、希腊与西班牙等国的债务问题是最严峻的。所谓主权债务，指独立的主权国家代表本国政府向国际金融组织、外国金融机构或其他的国际金融市场的投资者借款，或者是为他人或其他组织的借贷提供担保而形成的，以国家信用保证偿付本金和利息的特殊类型债务，一旦发生意外，主权国家到期不能偿还本金和利息，就会发生债务的违约行为，从而影响一国的信誉情况，引发主权债务危机。欧债危机的主要经过如下：

2009年10月，新任希腊首相乔治·帕潘德里欧宣布希腊之前隐瞒了大量财政赤字。据统计，2009年财政赤字占GDP的比重为12.7%，政府公共债务占GDP的比重为126%，这远远超过了欧盟规定的3%和60%的上限，很快引发市场恐慌。同年 12 月,世界三大评级机构惠誉、标准普尔和穆迪相继将希腊信贷评级下调,前景展望为负面。

2010 年 4 月 23 日,希腊正式向欧盟和 IMF 申请援助。标准普尔下调希腊评级为垃圾级别。希腊救助机制启动,欧盟和 IMF 会分期分批地提供援助,但救助的同时提出了附带条件,希腊全盘接受。

2010 年 11 月份,爱尔兰爆发债务危机。随后,法国和德国两个欧元区的核心国家也受到了危机的影响。

2011 年初,惠誉、标准普尔和穆迪三大评级机构纷纷下调希腊主权信贷评级。受希腊的影响,葡萄牙、意大利和西班牙都相继陷入主权信用危机。

2011 年 10 月 31 日,希腊总理帕潘德里欧提议对第二项希腊援助计划进行全民公投,这其实是他在争取选民的手段,如果公决不通过,希腊会选择退出欧元区,此举令欧盟官员感到愤怒,立即切断了对希腊的援助,并要求希腊必须很快决定是否还想继续留在欧元区。欧盟之所以会帮助希腊,也是因为同属欧元区成员国,出于自身利益的考虑才帮助希腊的。如果希腊退出欧元区,那欧盟就不会再帮助希腊了。希腊总理帕潘德里欧撤回全民公投提议,很快他也宣布下台,由希腊总统宣布授权欧洲央行前副总裁巴帕德莫斯组建新政府。

2012 年年初,标准普尔宣布将法国等 9 国主权信用评级下调,法国主权信用被踢出 AAA 级。欧元区国家面临巨额的到期债务,而现在不管是政府还是银行,偿债能力都很有限。至此,由希腊开始的主权债务危机已演变成一场席卷整个欧洲的主权债务危机。总之,欧债危机对欧洲国家以及整个世界的经济产生了深远的影响。

欧债危机的产生是众多原因共同导致的,包括政治结构、欧元区体制设计、经济结构不均衡、福利水平过高等等,但其中最主要的原因是经济方面的,由于收支不协调导致的国家债务负担过重，不堪重负。首先，从收入方面看，欧债危机从一开始就是因为希腊巨额的财政赤字引发的社会恐慌。巨额财政赤字说明政府的支出严重地大于收入。希腊的经济结构严重失衡，2010年服务业在GDP中占比达到52.57%，而工业占GDP的比重仅有14.62%，农业占GDP的比重更少为3.27%。这就意味着希腊的第三产业很繁荣，而第一、第二产业并不发达，实体经济并不繁荣，受2008年金融危机影响，旅游业并不景气，财政收入受到冲击。人口老龄化程度不断加深，使得适龄劳动人口数量急剧减少，导致能为税收做贡献的人数减少。其次，从支出方面，人口老龄化使得步入退休年龄的人数在增加，这就使得财政的养老保险支出急剧增加，并且由于社会福利支出的刚性使然，人们只能接受养老保险待遇不断提升，无法接受待遇下降，这都导致了财政的养老保险支出的不断膨胀，加剧支出压力。最后，在分析欧债危机的过程中不难发现，三大评级机构起了推波助澜的作用，每一次评级机构的降级都会导致欧债危机的进一步加剧；危机爆发后，各国应对危机所采取的刺激经济的措施，恶化了希腊的外部环境，影响了希腊的财政收入。

3.1.2 养老保险对欧债危机的影响

中国社会研究员田德文曾说过，"欧洲之所以长期保持稳定和经济发展主要是受益于其福利制度。"但这次欧债危机很大程度上也是深受其福利制度导致财政支出压力过大的影响，尤其是养老金支出更被认为是导致欧债危机的重要诱因。

2010年5月IMF和欧盟在援助希腊之前，提出了三大条件，包括整顿财政、改革经济及消减福利。其中，在消减福利福利方面重点是在养老金制度改革，包括对高额养老金课征"特别税"，提高女性领取养老金的退休年龄，公务员领取养老金的年龄也要提高，从61岁提高到65岁，限定了养老金水平的最高限额，取消节假日的养老补贴等等，可以看出，IMF和欧元区的相关专家都判断欧债危机和希腊高额的养老金给付水平密切相关。

为了争取到经济救援，希腊政府对IMF和欧元区提出的条件全盘接受，尽管希腊民众举行了大规模的反对削减社会福利的示威活动，希腊政府还是通过了"2010年养老金改革方案"。希腊尽管在欧元区的经济实力排名并不是很靠前，但希腊的福利水平却比大部分欧盟地区要高一些，这也是欧债危机从希腊爆发的原因之一。

欧盟国家都属于福利资本主义国家，其高福利政策在世界上是其他国家所不可企及的，欧盟国家的福利费用基本上占到GDP的30%以上。联合国欧洲经济委员会测算，欧洲国家占据全球薪酬最高国家前三位、几乎全覆盖的免费医疗、福利支出平均占政府总支出的50%左右，其中法国高达70%。"欧债危机其实已经暴露出高福利的弊端"。这些国家普遍实行高工资、高退休金、低退休年龄，比如希腊的平均退休年龄只有53岁。意大利是西方发达国家中福利待遇最好的国家之一，全体意大利公民终生享受公费医疗，中小学实行免费教育，带薪休假制度也早已普及。每年的8月份，除交通、邮电、军队等重要行业的部分人员外，全国其他企业和机构全部停止工作。再加上欧盟国家人口老龄化严重，据资料显示在欧洲65岁以上的老人占总人口的17%，到2050年将翻一番，这意味着政府需要承担更多的退休养老金和医疗救助保健等支出。从经济学上分析社会福利支出具有典型的刚性，上升容易下降难，一旦福利支出减少势必引起公民的反对而滋生社会矛盾，因此各国政府不得不背上这个沉重的负担。如此滚雪球似的高福利使政府陷入福利陷阱，政府不得不债台高筑。一旦遇到持续的经济不景气，势必造成债务危机。欧债危机的爆发，是处于城市化成熟阶段、经济未有新增长点且又具有高福利特征国家难以避免的困境，养老保险支出的巨大增长是其重要原因之一。

据有关数据统计,2010 年希腊 GDP 出现负增长。财政赤字占 GDP 比重达到 10.4%,但社会福利支出并没有因此减少,而是占到政府支出的 41.6%。这样的高福利政策在经济发展良好时不会出现问题,但在外力冲击下,当国内经济形势趋缓时问题就会爆发。

近 20 年来,欧洲经济增长率平均低于美国。据预测,人口老龄化和劳动适龄人口的减少,必将影响经济增长。换言之,未来 50 年中,由人口结构变化导致的经济增长减缓、财政收入减少和公共支出增加的三个潜在风险并存和相互交织的复杂局面,必将使欧洲各国时刻监视其财政收支状况,警惕其债务危机的风险发生,提高其养老金制度的财务可持续性。[①]

3.2 中国养老保险发展的现实分析

3.2.1 中国养老保险的发展沿革

社会养老保险制度是一国社会保险制度乃至整个社会保障制度中的主体项目,随着养老基金社会统筹的执行,中国已经建立成了统一的、社会化的养老保险制度[②]。长期以来,中国一直实行的是城乡分割的二元经济体制,这也就客观决定了中国的养老社会保险制度也是二元的——城镇养老保险制度和农村养老保险制度。中国城镇基本养老保险制度包括:一是机关事业单位职工和退休人员仍实行原有的退休养老制度,二是对企业职工实行基本养老保险制度,三是城镇居民社会养老保险

---

① http://www.finance.people.com.cn/GB/70846/16794595.html。
② 郑功成:《中国社会保障论》,中国劳动社会保障出版社 2009 年版。

制度。虽然城镇居民社会养老保险也需要政府给予补贴，但由于城镇居民养老保险 2011 年才开始试点，规模不大，所以在本书中忽略不计。中国农村养老保险制度在很长一段时间内是个空白，主要靠家庭养老，随着经济发展才慢慢构建起来。

（1）中国机关、事业单位养老保险。

1955 年 12 月 29 日国务院《国家机关工作人员退休处理暂行办法》的颁布，标志着中国国家机关和事业单位工作人员的退休制度正式建立。1958 年的《关于工人、职员退休处理的暂行规定》、1978 年的《国务院关于安置老弱病残干部的暂行办法》和《国务院关于工人退休、退职的暂行办法》、1986 年的《国营企业实行劳动合同制暂行规定》，这些都表明中国公务员养老保险制度体系基本构建起来。这是一套与企业不同的、独立设计的养老保险制度，退休金的替代率相比企业的 60% 目标替代率，可以高达 80%，有的甚至可以达到 90%、100%。

进入 20 世纪 90 年代后，中国公务员养老保险制度开始了全面改革阶段。人事部负责国家机关、事业单位的养老保险制度改革，较以前的制度有了较大的修改和调整。1994 年，部分省区市开始进行试点，部分铺开，先从合同制工人开始纳入养老保险制度，其余的还是由财政全部负担。随后，一些全额拨款、差额拨款的事业单位和机关工作人员也纳入了养老保险制度范围内。1997 年的《关于机关和事业单位工作人员养老保险制度改革试点的意见》，将机关和事业单位的养老保险也套用"统账结合"的思路，建立统筹账户和个人账户，单位要对自己的员工负责，不能完全依赖财政。制度设计初衷是让企业和事业单位养老保险制度可以衔接，但制度运行的结果是差距越来越大。

2000 年，《国务院关于印发完善城镇社会保障体系试点方案的通知》（国发〔2000〕42 号文件）要求，已经进行事业单位养老保险试点的地区要不断完善,还没进行试点的单位,维持现状。2003年党的十六届三中全会要求,积极探索机关和事业单位社会保障制度改革。随后的几年,每年都至少有一部相关方案出台,这充分显示出了政府对这一问题的关注,改革的方向是不断促进制度向企业制度靠拢,实现人员流动的有效转移,最大限度地减少由于制度制约人员的合理流动。

2008年,《事业单位工作人员养老保险制度改革试点方案》的颁布,标志着事业单位在进行分类改革的同时,养老保险制度改革一并进行。养老保险费用变为单位和个人共同缴纳,退休时的待遇水平和工作期间的缴费相挂钩,逐步提高统筹级次,实现省级统筹。

机关事业单位养老保险的发展历程可以从表3-1至表3-3中直观地看到:

第一阶段:分合改革阶段(1949~1991年)

表3-1　　　　　　分合改革阶段明细

年份	政策措施	主要内容
1956	《国家机关工作人员退休、退职处理暂行办法》	与劳动保险制中企业职工退休待遇制度相区别,实现制度独立
1958	《关于工人、职员退休处理的暂行规定》	统一职员与工人的退休养老保障,并规定按单位性质制定相应退休办法,这是两种养老保险制度初次合并
1978	《关于安置老弱病残干部的暂行办法》与《关于工人退休、退职的暂行办法》	改按单位性质为按职工身份制定退休办法,重新规定各职员的退休条件及标准
1991	《关于企业职工养老保险制度改革的决定》	人事部负责机关事业单位养老保险的改革。标志两种养老保险制度分离

第二阶段：试点推进阶段（1992~2013年）

表3-2　　　　　　　试点推进阶段明细

年份	政策措施	主要内容
1992	《机关事业单位养老保险制度改革有关问题的通知》	"按照政府、单位和自己共同合理负担的原则，在各类职工中逐渐建立养老保险体系"的决定，转变养老金现收现付制
1994	选取江苏、云南等五个地区开展机关事业单位养老保险试点改革工作	将其聘用制人员、签合同录用的职工和自行决定收支的事业单位职工纳入改革试点范围之内
2008	《事业单位工作人员养老保险制度改革方案》，选取浙江、重庆等五个地区开展改革试点工作	分开进行公务员事业单位职工的试点改革工作，但并未针对公务员养老保险制度进行改革

第三阶段：并轨发展阶段（2013年至今）

表3-3　　　　　　　并轨发展阶段明细

年份	政策措施	主要内容
2013	《中共中央关于全面深化改革若干重大问题的决定》	"推进机关事业单位养老保险制度改革"
2014	《政府工作报告》	改革机关事业单位养老保险制度，鼓励发展企业年金、职业年金和商业保险
2015	《国务院关于机关事业单位工作人员养老保险制度改革的决定》	推进并轨改革

（2）中国城镇企业养老保险。

中国城镇企业养老保险大致经历了以下四个阶段：

第一阶段：企业保障阶段（1951~1968年）

1951年2月，政务院颁布了《中华人民共和国劳动保险暂行条例》，标志着新中国养老保险正式建立。该条例要求对规模在 50 人以上的企业职工提供养老保障。1953 年,该条例得到修改,在实施细则和待遇标准方面进一步细化,养老保险制度的法律地位得到巩固。随后通过颁布多部条例,城镇企业的养老保险从参保单位到覆盖范围,都进一步扩大。

当时中国处于计划经济体制下,企业统分统包,没有任何风险,所以这时的养老保险说是企业保障,更确切的讲,实质是国家保障。

第二阶段:社会统筹阶段(1978~1991 年)

随着改革开放的深入,中国经济的市场化程度越来越高,企业之间的竞争开始出现,私营企业、外资企业、合资企业越来越多地参与到竞争中来,人员的流动变得频繁起来。原来针对国有企业职工的养老保险制度已经不适应经济发展了。1984 年开始的国有企业改革,更是推进了这一进程。配合国企改革,为了减轻企业负担,一方面,在县市一级行政区域内实行社会统筹,分散企业风险;另一方面,从国有企业的合同工和有编制工人两方面进行改革,对于有编制的工人,开始实行社会统筹,国有企业有义务为职工缴纳养老保险费;对于合同工,规定了国有企业为该工人缴纳其工资总额的 15% 的养老保险费,合同工个人缴费比率不超过个人工资总额的 3%,这标志着中国城镇企业养老保险开始实施个人缴费制度①。

第三阶段:养老改革阶段(1991~2001 年)

1991 年 6 月 26 日国务院公布《关于企业职工养老保险制度改革的决定》,首次提出养老保险资金的筹集要由国家、企业和个人共同负担;统筹级次从县级开始,逐步过渡到省级;覆盖面扩大到私营企业及外资企业。1993 年,十四届三中全会提出,中国要建立"社会统筹与个人账户相结合"的社会养老

---

① 曹艳春:《转型时期中国社会保障研究》,上海社会科学院出版社 2010 年版。

保险制度，个人账户首次建立。

1993年7月2日，《关于企业职工养老保险基金管理的规定》公布，要求养老保险基金可保留六个月的支出额，留下1~1.5个月的周转资金，明确规定养老保险基金的投资方向只能是购买国债。

1995年3月1日，国务院公布了《关于深化企业职工养老保险制度改革的通知》，明确规定：制度要统一，标准要统一，管理要统一，基金要统一。并且对养老保险基金的投资方向给予了扩大，保险费计算标准由标准工资改为总额工资，并且要根据职工上年平均工资上升的一定比率调整养老金。

1997年7月16日，国务院发布了《关于建立统一的企业职工基本养老保险制度的决定》，对养老保险的基本方案执行"统账结合"，统一了企业缴费比例，个人缴费比例，个人账户规模，养老金的发放标准，领取条件等。

1998年1月，财政部、中国人民银行、劳动部以及国家税务总局共同颁布了《企业职工基本养老保险基金实行收支两条线管理的暂行规定》，首次明确规定了养老保险基金实行收支两条线管理，设立收入账户、支出账户和财政账户，且必须都设在国有商业银行。

1998年，国务院发布了《关于实行企业职工基本养老保险省级统筹和行业统筹移交地方管理有关问题的通知》，规定了基本养老保险资金要实行省一级的统筹，并且要通过省级调剂机制，从而加大对养老保险基金的调剂力度。

1999年1月14日，国务院颁布了《关于社会保险费征缴暂行条例》，规定了基本养老保险费的征收比例和缴纳比例，并规定了缴费最低年限为15年。

通过以上的分析，可以直观地看到，整个90年代，中国城镇企业养老保险属于全面改革阶段，相关制度的详细规定都已全面确定。

第四阶段：改革完善阶段（2001年至今）

在20世纪90年代，中国城镇企业的养老保险的基本规定都已基本确立，随着在运行中暴露出来的一些问题，改革的完善阶段随之展开。2001年中国启动了做实养老保险个人账户的改革试点，这是国务院在2000年12月25日颁布的《关于完善城镇社会保障体系的试点方案》中决定的。该方案决定从2001年开始在辽宁省进行试点，2004年在总结辽宁经验的基础上，将试点扩大到吉林、黑龙江两省。2005年，试点经验的丰富使得试点范围进一步扩大到了上海、天津、山西、山东、湖北、河南、湖南和新疆等8个省、市、自治区。2006年1月1日开始启动个人账户做实工作①。养老保险的覆盖面进一步扩大，个人账户只由个人缴费构成，养老保险统筹级次进一步提高。

（3）中国农村养老保险。

中国传统的农村养老保险制度开始于20世纪90年代，1992年民政部下发的《县级农村社会养老保险基本方案》，标志着传统农村养老保险的全面铺开。② 随着领取养老保险的人数不断增加，广大农民反映发放的养老金数额太少，有些地方的农民一个月才能领到10元钱，根本无法保障年老后的基本生活，农民的参保积极性受到影响，1999年，国务院开始对民政系统原来开展的农村社会养老保险进行清理整顿，停止接受新业务，区别情况，妥善处理，有条件的可以逐步将其过度为商业保险，全国大部分地区农村社会养老保险工作出现了参保人数下降、基金运行难度大等困难。这个办法基本被搁置，只在少数地区仍在探索和推进。到1999年底，全国参保人数大约8000万人。从2002年开始继续进行农村社会养老保障的改革

---

① 郭士征：《社会保障研究》，上海财经大学出版社2005年版。
② 孙健夫、黄敏："我国建立新型农村养老保险制度的成本分析"，《理论导刊》，2012年第11期。

探索，取得了一定的进展，但总体进展缓慢。中国养老保险基本方案的具体实施办法：政府组织引导，农民自愿参加，量力选择保险缴费标准；个人缴费为主，集体补助为辅，国家政策扶持；缴费可不定期和不定额，也可一次性全交；实行个人账户实账管理，按储备积累总额确定养老金给付标准；基金以县级经办机构为基本单位独立核算，自主运营管理，主要通过存入银行、购买国债等渠道实现保值增值，并按规定年龄（男满60岁，女满55岁）定期给付投保人养老金。

2007年，《劳动和社会保障部、民政部关于做好农村社会养老保险和被征地农民社会保障工作有关问题的通知》（劳社部发〔2007〕31号）规定："以农村有缴费能力的各类从业人员为主要对象，完善个人缴费、集体（或用人单位）补助、政府补贴的多元化筹资机制，建立以个人账户为主、保障水平适度、缴费方式灵活、账户可随人转移的新型农村社会养老保险制度和参保补贴机制。有条件的地区也可建立以个人账户为主、统筹调剂为辅的养老保险制度。"该通知可以看作是新型农村养老保障制度的一个改革信号，但通知的覆盖范围显得相对狭窄，只是针对农村有缴费能力的人员而不是全体农民。

2009年9月1日，国务院出台《关于开展新型农村社会养老保险试点的指导意见》（国发〔2009〕32号），标志着我国新型农村社会养老保险开始进入一个新的发展阶段。国发〔2009〕32号文件规定："缴费标准目前设为每年100元、200元、300元、400元、500元5个档次，地方可以根据实际情况增设缴费档次。参保人自主选择档次缴费，多缴多得。国家依据农村居民人均纯收入增长等情况适时调整缴费档次。新农保的筹资机制为：个人缴费＋集体补助＋政府补贴。

随后新农保试点推进的速度不断加快，2009年覆盖全国10%的县（市、区），2010年覆盖23%，2011年覆盖60%。2011年之所以有如此大幅度的覆盖面增加，是因为在2011年3

月发布的《国民经济和社会发展第十二个五年规划纲要》中提出要在"十二五"期间实现新农保制度全覆盖,2011年6月,温家宝在全国城镇居民社会养老保险试点工作部署暨新农保试点经验交流会议上要求,"在本届政府任期内(2012年)基本实现新农保制度全覆盖"。

3.2.2 中国养老保险制度的成本分析

成本即经济成本,西方经济学中厂商的成本是使用各种生产要素的数量和各种生产要素的价格的乘积。成本分析(cost analysis),是利用成本核算及其他有关资料,分析成本水平与构成的变动情况,研究影响成本升降的各种因素及其变动原因,寻找降低成本途径的分析方法。由于本书是从财政的角度来分析中国养老保险制度的成本,所以仅仅分析在养老保险制度中需要由政府出资的部分,继而分析其在整个财政支出中的占比。

(1)机关、事业单位退休人员养老保险的成本分析。

从20世纪90年代开始,机关、事业单位养老金制度开始改革。机关、事业单位工作人员的观念已经发生了改变,自我保障意识增强。但由于还没有成形的机关、事业单位的养老金发放方案出台,国家财政每年还为离退休人员支付养老金。[①]

(2)城镇企业职工基本养老保险制度的成本分析。

从传统的国家负责、单位包办、现收现付、单一层次、封闭运行的退休养老制度,到现在的职工基本养老保险制度,国家的制度发生了转轨,保险责任由单位单方负责变为国家、企业、个人共担,保险范围由基本养老保险变为多层次养老保障,保险方式由企业保险变为社会保险,社会覆盖面扩大到全体企业,养老保险的社会互济性增强。传统的退休养老制度下,职工是在"高就业、低工资、高福利"的背景下,工作期间工资

---

① 郑功成:《中国社会保障30年》,人民出版社2010年版。

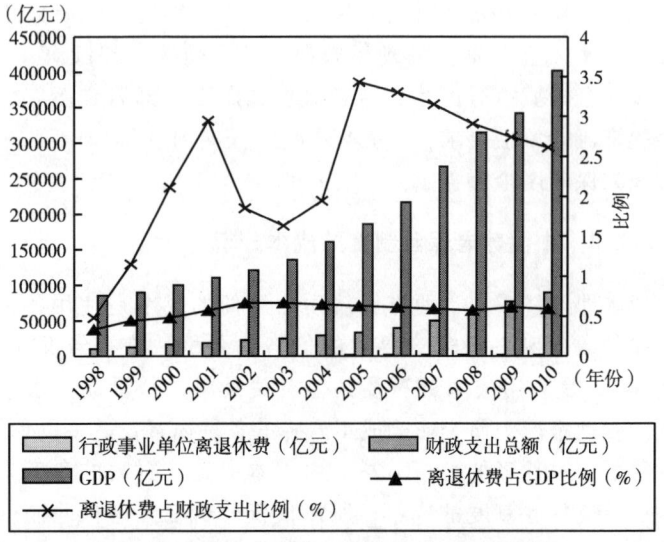

图 3.1　1998 年以来行政事业单位离退休费

资料来源:《中国财政年鉴》《中国人力资源和社会保障年鉴》《中国人口和就业统计年鉴》各年版。

低,其实质就是工作期间的部分工资已经凝固在企业的固定资产之中了,职工退休后单位管。而养老保险制度转轨后,有一部分"中人",面临工作期间没有缴纳养老保险,个人账户中积累不多,退休后的养老金是社会统筹部分来发,这就出现新、旧养老制度之间的转轨成本。目前,转轨成本正在逐步显现,国家财政直接用于养老金缺口的补助支出也在逐年增长。

表 3-4　1998 年以来财政直接用于养老金缺口的补助支出

年份	补助金额（亿元）	财政支出总额（亿元）	补助支出占财政支出比例（%）	GDP（亿元）	补助支出占GDP比例（%）
1998	29.1	10798.2	0.49	84402.3	0.034
1999	193.3	13187.7	1.14	89677.1	0.22
2000	366.1	15886.5	2.12	99214.6	0.37

续表

年份	补助金额（亿元）	财政支出总额（亿元）	补助支出占财政支出比例（%）	GDP（亿元）	补助支出占GDP比例（%）
2001	402.9	18902.6	2.94	109655.2	0.37
2002	459.7	22053.2	1.86	120332.7	0.38
2003	530.5	24607.0	1.63	135822.8	0.39
2004	614.2	28486.9	1.94	159878.3	0.38
2005	651.2	33930.3	1.92	184937.4	0.35
2006	947.6	40422.7	2.34	216314.4	0.44
2007	1169.8	49781.4	2.35	265810.3	0.44
2008	1128	62592.7	1.80	314045.4	0.36
2009	1326	76299.9	1.74	340902.8	0.39
2010	1954	89874.2	2.17	401202.0	0.49

资料来源：《中国财政年鉴》各年版、《中国人力资源和社会保障年鉴》《中国人口和就业统计年鉴》。

（3）农村养老保险制度的成本内容。

建立农村社会保险制度必须依赖于一定的经济基础，且要有完善的社会保障制度作保证。从国际经验看，建立农村社会保障需要三个基本条件：一是经济发展水平大幅度提高，人均GDP达到2000美元以上；二是农业在GDP中的比例大幅度下降，且在15%以下；三是农业人口比例下降，最高也需要在50%以下。

对照以上三个条件，第一，到2009年底，中国的人均GDP达到25608元人民币，约合3766美元（按照2009年底汇率1∶6.8计算得出）这符合上面第一个条件人均GDP达到2000美元以上；第二，农业在GDP中的比例为10.3%；第三，农业人口比例为51.66%，这虽然不是很符合农业人口比例在50%以下，但到2010年底，这个数字已经变为50.05%。随着中国近几年城镇化的高速发展，农业人口比例降到50%以下应该也不是问题。以上分析表明,中国建立农村养老保障的经济基础基本具备。制度经济学认为,一切制度的建立和运行都是有其必要成本的,农村养老保险制度也不例外。建立农村社会养老保险制度要支付必要的成本,这些成本可以归纳为养老保险行政管理成本和养老保险业务运行成本两大部分。其中,行政管理成本主要由宣传教育费和执行费用构成,业务运行成本主要由养老保险的收支差额来体现,主要指需要由各级财政部门进行的财政补贴。①

①行政管理成本。宣传教育是一项制度得以顺利进行的必要环节,有传统农民养老保险的"前车之鉴",现在要给广大的农民解释清楚新农保与传统农保的区别在哪里,农民参加了有哪些好处等等。已经有很多学者通过设计问卷实地调查发现,农民对新农保还是很感兴趣的,但对60岁以后的领取水平不是很有信心。于长久(2012)《人口老龄化背景下农民的养老风险及其制度需求》,就是通过对全国十个省份千户农民的实地问卷调查,发现农民对养老保险有明确的制度需求,但真的有制度安排时,却又因为不是足够了解而不愿参保;张红梅、马强(2012)《新型农村社会养老保险制度试点推行的影响因素研究》,通过对湖北省新农保的调查发现,农民对养老保险制度的期望值很高,但政府补贴和集体补助的多寡直接关系到农民参保的积极性。只有宣传到位,农民能了解制度的内容,让农民能切实体会到参保的好处,那就不会有覆盖面的问题。

执行费用包括执法、监察和监督等②。执法就是相关的社保经办部门按照法律法规要求依法为符合条件的参保人提供相应服务;监察就是社会保险行政部门依照法律规定的职权和程

---

① 孙健夫、黄敏:"我国建立新型农村养老保险制度的成本分析",《理论导刊》,2012年第11期。

② 邓大松:《社会保险》,中国劳动社会保障出版社2011年版。

序，对相关组织执行社会保险法律规定的情况进行监督检查，发现违法行为并依法采取措施予以制止和纠正的具体行政行为。中国社会保险行政执法监察的执法主体是县级以上各级人力资源和社会保障行政部门。监察方式主要有：常规巡视监察、举报专查、年度检查和专项检查等；监督指社会保险行政部门内部上下级之间或专设的监督机构对现场或某一特定环节、过程进行监视、督促和管理，使其结果能达到预定的目标。监督方式主要有：规范性文件的备案抄送制度；法律、法规和规章实施情况的报告制度；法律、法规和规章执行情况的检查制度；行政复议制度；重大具体行政行为审核制度；错案追究制度；受理公民投诉制度等。国家政策规定，宣传教育费和执行费用要严格限制在养老保险3%的比例内提取。

②业务运行成本。业务运行成本是整个新农保制度最主要的成本。中国确定的新农保的筹资方式是"个人缴费＋集体补助＋政府补贴"，其中个人缴费和集体补助进入个人账户，政府补贴进入基础养老金账户。个人缴费标准目前设为每年100元、200元、300元、400元、500元5个档次，地方可以根据实际情况增设缴费档次。参保人自主选择档次缴费，多缴多得。国家依据农村居民人均纯收入增长等情况适时调整缴费档次。有条件的村集体应当对参保人缴费给予补助，补助标准由村民委员会召开村民会议民主确定。鼓励其他经济组织、社会公益组织、个人为参保人缴费提供资助。财政补助的具体内容见表3-5。

③农村养老保障制度的成本分析。通过表3-5可以看到，在新农保的筹资阶段，中央财政没有补贴项目，而在新农保的给付阶段，对东部地区和中西部地区的补贴比例不同；地方财政主要在筹资阶段给予补贴，在给付阶段还要对东部地区补助50%以及提高和加发的基础养老金进行100%的补助。所以，下面将分别从中央财政和地方财政的角度来计算各自的运行成本。

表 3-5 新农保财政补助内容

阶段	筹资阶段			给付阶段		
	新农保个人账户(每月发放标准:账户全额/139)			最低标准基础养老金(55元/月)		提高和加发的基础养老金
补助对象	规定标准内缴费群体	选择较高档次标准缴费的群体	缴费困难群体	东部地区	中西部地区	
中央财政	不补	不补	不补	补助50%	补助100%	不补
地方财政	补贴(≥30元/人·年)	补贴(≥30元/人·年+适当鼓励)	补贴(≥30元/人·年+最低缴费标准的部分或全部)	补助50%	不补	补助100%

资料来源:根据《国务院关于开展新型农村社会养老保险试点的指导意见》(国发〔2009〕32号)文件整理而成。

第3章 财政支持养老保险支出的风险及其形成机理

2010年第六次人口普查结果显示,我国60岁及以上的老年人口总量为1.78亿人,人口老龄化水平为13.26%[①]。这里首先假定所有地区的老龄化水平大致相等,都为13.26%;其次,由于选择较高档次标准缴费的群体数目不容易取得,以及缴费困难群体数目一直在变动,本书先对此进行忽略,以便于计算。

表3-6　　　　　　　　中央财政补助数额

地区	60岁以上农村人口数(万人)	中央财政年补助数额(亿元)	占中央财政总收入比重(%)	地区	60岁以上农村人口数(万人)	中央财政年补助数额(亿元)	占中央财政总收入比重(%)
东部	4937.85	162.9491	0.3835	安徽	582.8842	38.4704	0.0905
北京	98.7546	3.2589	0.0077	江西	425.8753	28.1078	0.0662
上海	115.9467	3.8262	0.0090	河南	990.0482	65.3432	0.1538
天津	84.9928	2.8048	0.0066	湖北	518.1189	34.1958	0.0805
河北	744.5132	24.5689	0.0578	湖南	660.5737	43.5979	0.1026
辽宁	284.3070	9.3821	0.0221	广西	484.3369	31.9662	0.0752
江苏	688.6419	22.7252	0.0535	重庆	248.1941	16.3808	0.0386
浙江	537.3210	17.7316	0.0417	四川	773.0016	51.0181	0.1201
福建	374.8582	12.3703	0.0291	贵州	366.4571	24.1862	0.0570
山东	964.3713	31.8243	0.0749	云南	502.8461	33.1878	0.0781
广东	970.7319	32.0342	0.0754	西藏	33.3793	2.2030	0.0052
海南	73.4113	2.4226	0.0057	陕西	363.0246	23.9596	0.0564
中西部	5035404	491.4423	1.1567	甘肃	250.5239	16.5346	0.0389
山西	325.2866	21.4689	0.0505	青海	53.0284	3.4999	0.0082

---

① 国家统计局:《中国统计年鉴》,中国统计出版社2011年版。

续表

地区	60岁以上农村人口数（万人）	中央财政年补助数额（亿元）	占中央财政总收入比重（%）	地区	60岁以上农村人口数（万人）	中央财政年补助数额（亿元）	占中央财政总收入比重（%）
内蒙古	202.1108	13.3393	0.0314	宁夏	52.4434	3.4613	0.0082
吉林	197.9058	13.0618	0.0307	新疆	158.5625	10.4651	0.0246
黑龙江	257.4940	16.9946	0.0400	全国	5040341.85	654.3914	1.54024

资料来源：《中国统计年鉴2011》相关数据整理计算而成①。

根据国发〔2009〕32号文件以及上文的假定，中央财政对各地区基础养老金的年补助数额 = ∑东部各地60岁及以上的农村人口数×55×50%×12 + ∑中西部各地60岁及以上的农村人口数×55×12 = 162.9491 + 491.4423 = 654.3914（亿元），这占到当年中央财政收入的1.5402%，这个比重并不算高，中央财政完全有能力做到。

表3-7 地方财政补助数额

地区	16~59岁农村人口数（万人）	地方财政年补助数额（亿元）	占地方财政总收入比重（%）	地区	16~59岁农村人口数（万人）	地方财政年补助数额（亿元）	占地方财政总收入比重（%）
东部	26081.98	938.9507	2.3119	安徽	3078.8242	9.2365	0.0227
北京	521.6268	18.7786	0.0462	江西	2249.4953	6.7485	0.0166
上海	612.4362	22.0477	0.0543	河南	5229.4853	15.6885	0.0386
天津	448.9358	16.1617	0.0398	湖北	2736.7307	8.2102	0.0202
河北	3932.5571	141.5721	0.3486	湖南	3489.1842	10.4676	0.0258

---

① 薛惠元："新型农村社会养老保险财政保障能力可持续性评估"，《中国软科学》，2012年第5期。

续表

地区	16~59岁农村人口数（万人）	地方财政年补助数额（亿元）	占地方财政总收入比重（%）	地区	16~59岁农村人口数（万人）	地方财政年补助数额（亿元）	占地方财政总收入比重（%）
辽宁	1501.7240	54.0621	0.1331	广西	2558.2922	7.6749	0.0189
江苏	3637.4420	130.9479	0.3224	重庆	1310.9741	3.9329	0.0097
浙江	2838.1571	102.1737	0.2516	四川	4083.0340	12.2491	0.0302
福建	1980.0204	71.2801	0.1755	贵州	1935.6451	5.8069	0.0143
山东	5093.8586	183.3789	0.4515	云南	2656.0591	7.9682	0.0196
广东	5127.4558	184.5884	0.4545	西藏	176.3113	0.5289	0.0013
海南	387.7625	13.9595	0.0344	陕西	1917.5144	5.7525	0.0142
中西部	39384.91	118.1547	0.2909	甘肃	1323.2799	3.9698	0.0098
山西	1718.1805	5.1545	0.0127	青海	280.0986	0.8403	0.0021
内蒙古	1067.5598	3.2027	0.0079	宁夏	277.0856	0.8310	0.0020
吉林	1045.3485	3.1360	0.0077	新疆	898.5210	2.6956	0.0066
黑龙江	1353.3604	4.0601	0.0100	全国	65466.89	1057.1054	2.6029

注：根据统计资料无法直接得到 16~59 岁的人口数，但可以得到 2010 年的 60 岁以上的人口比例为 13.26%，1~14 岁的人口比例为 16.7%，1995 年的人口数为 121121 万人，人口自然增长率为 1.055‰，城镇化率为 29.04%，可以算的 15 岁的农村人口数为 906746 人，占 2010 年人口总数的比例约为 0.1%，这样就可算出 16~59 岁人口占总人口比重为 70.04%。

资料来源：《中国统计年鉴 2011》相关数据整理计算而成。

基于前面的假定，地方财政对 16~59 岁的未参加城镇职工基本养老保险的农村居民给予每年最低 30 元的补助，这里假定就补 30 元。地方财政对各地区养老金个人账户的年补助数额 = ∑ 全国各地 16~59 岁及以上的农村人口数 ×30 + ∑ 东部各地 60 岁及以上的农村人口数 ×55×50%×12 = 1057.1054（亿元），这占到地方财政收入的 2.6029%，很明显，地方财政的压力要比中央财政的压力大，比中央财政对新农保的补助比例多出一个多百分点。随着 1994 年分税制改革的不断深入，中央和地方财政在总财政收入中占的比重日趋由地方占大头转化为中央、地方基本持平的态势。

3.3 养老保险支出对财政风险的形成机理

3.3.1 数据来源

这里采用的数据来自《中国统计年鉴》《中国人口和就业统计年鉴》《中国财政年鉴》1998~2010 年的数据进行分析。指标包括：财政用于养老保险的支出 Y，65 岁及以上的人口数占总人口数的比重 X_1，城镇化水平 X_2，通货膨胀率 X_3，运用统计软件 Eviews 进行处理。

3.3.2 财政用于养老保险支出的分析

中国虽然在 1998 年以前，财政支出中专项用于养老保险方面的支出并不算多，但随着中国社会保障制度的不断完善，财政用于养老方面的支出必然会大幅度的增加，甚至有可能引发像希腊危机那样的财政风险。至于财政用于养老保险方面的支出增加的原因，目前理论界的说法有很多，笔者认为最主要的原因是，人口的老龄化程度不断加深导致需要领取养老金的人数在增加而缴费的人数在减少，城镇化水平不断演进导致城镇人口不断增加，城镇的养老保障水平是高于农村的以及通货膨胀的发生导致人们的生活成本增加从而导致财政有增加养老保险给付水平的压力。

3.3.3 回归分析

财政养老保险支出为 Y，人口老龄化水平为 X_1，城镇化率为 X_2，通货膨胀率为 X_3，U 为随机误差项，则 $Y = A_1 X_1 + A_2 X_2 + A_3 X_3 + U$

第3章 财政支持养老保险支出的风险及其形成机理

表 3-8　　　　　　　　统计数据汇总表

年份	财政用于养老保险支出（亿元）	65岁及以上 人口数	65岁及以上 比重（%）	城镇 人口数	城镇 比重（%）	通货膨胀率
1998	303.5	8359	6.7	41608	33.35	-0.8
1999	586.6	8679	6.9	43748	34.78	-1.4
2000	844.7	8821	7.0	45906	36.22	0.4
2001	1027.6	9062	7.1	48064	37.66	0.7
2002	1248.5	9377	7.3	50212	39.09	-0.8
2003	1425.5	9692	7.5	52376	40.54	1.2
2004	1642.3	9857	7.6	54283	41.77	3.9
2005	1816	10055	7.7	56212	42.99	1.8
2006	2277.8	10419	7.9	58288	44.349	1.5
2007	2736.7	10636	8.1	60633	45.89	4.8
2008	2940.5	10956	8.3	62403	46.99	5.9
2009	3442.8	11307	8.5	64512	48.34	-0.7
2010	4584.7	11894	8.9	66978	49.95	3.3

资料来源：《中国统计年鉴2011》《中国人口和就业统计年鉴2011》相关数据整理计算而成。

Dependent Variable：Y

Method：Least Squares

Date：11/03/12 Time：11：14

Sample：1998 2010

Included observations：13

Variable	Coefficient	Std. Error	t-Statistic	Prob.
X_1	2.517988	0.404577	6.223749	0.0002
X_2	-0.187410	0.055485	-3.377647	0.0082
X_3	15.73163	25.56285	0.615410	0.5535
C	-12951.99	1102.375	-11.74917	0.0000

续表

R – squared	0.989041	Mean dependent var	1913.631
Adjusted R – squared	0.985389	S. D. dependent var	1237.690
S. E. of regression	149.6089	Akaike info criterion	13.10159
Sum squared resid	201445.5	Schwarz criterion	13.27542
Log likelihood	–81.16031	F – statistic	270.7591
Durbin – Watson stat	1.897578	Prob（F – statistic）	0.000000

得出回归方程

$$Y = 2.517988X_1 - 0.187410X_2 + 15.73163X_3 - 12951.99$$

模型检验：

（1）拟合优度检验。

回归的 $R_2 = 0.989041$，调整后的 $R_2 = 0.9853389$。表明方程拟合度较好。

（2）显著性检验。

F（变量显著性）检验表明，$F = 270.7591 > F0.05（2，9）= 4.26$（显著性水平 $= 0.05$），表明模型从整体上看因变量与自变量之间线性关系显著。

（3）残差自相关检验。

利用 Durbin – Watson 进行自相关检验，$N = 13$ 对的就有 $n - 2 = 11$ 个自由度，查表得 5% 的显著性水平下检验的 t 临界值为 $t0.25（11）= 2.201$，模型中 X_1、X_2、c 的 t 值都显著，X_3 的 t 值通不过假设则 X_3 与原方程没有线性关系。此时应该重新构建 Y 与 X_1、X_2 的线性关系，但事实上很多发达国家的经验和教训中都可以得知，一国的财政用于养老保险方面的支出和该国的通货膨胀率密切相关，因为养老保险的给付水平都会有一个正常的随物价水平变更的增长机制。后面会重新构建 Y 与 X_1、X_2 的线性关系。

第3章 财政支持养老保险支出的风险及其形成机理

（4）异方差检验。

Eviews 软件上直接进行怀特（White）一般异方差检验，该检验在 5% 的显著水平下，自由度为 3 的 $\chi^2 = 7.815$，$NR_2 = 13 \times 0.989 = 12.857 > \chi^2(3)$ 因此该方程不存在异方差。

鉴于之前的回归分析中财政养老保险支出和通货膨胀率没有线性关系，下面将重新构建 Y 与 X_1、X_2 的线性关系。财政养老保险支出为 Y，人口老龄化水平为 X_1，城镇化率为 X_2，U 为随机误差项，则 $Y = A_1 X_1 + A_2 X_2 + U$

表3-9　　　　　　所需统计数据汇总表

年份	财政用于养老保险支出（亿元）	65岁及以上		城镇	
		人口数	比重（%）	人口数	比重（%）
1998	303.5	8359	6.7	41608	33.35
1999	586.6	8679	6.9	43748	34.78
2000	844.7	8821	7.0	45906	36.22
2001	1027.6	9062	7.1	48064	37.66
2002	1248.5	9377	7.3	50212	39.09
2003	1425.5	9692	7.5	52376	40.53
2004	1642.3	9857	7.6	54283	41.76
2005	1816	10055	7.7	56212	42.99
2006	2277.8	10419	7.9	58288	44.34
2007	2736.7	10636	8.1	60633	45.89
2008	2940.5	10956	8.3	62403	46.99
2009	3442.8	11307	8.5	64512	48.342
2010	4584.7	11894	8.9	66978	49.95

资料来源：《中国统计年鉴2011》《中国人口和就业统计年鉴2011》相关数据整理计算而成。

Dependent Variable: Y
Method: Least Squares
Date: 11/05/12 Time: 10:02
Sample: 1998 2010
Included observations: 13

Variable	Coefficient	Std. Error	t-Statistic	Prob.
X_1	2.424628	0.363221	6.675348	0.0001
X_2	-0.172290	0.048179	-3.576048	0.0050
C	-12821.05	1047.509	-12.23957	0.0000
R-squared	0.988580	Mean dependent var		1913.631
Adjusted R-squared	0.986296	S.D. dependent var		1237.690
S.E. of regression	144.8870	Akaike info criterion		12.98896
Sum squared resid	209922.5	Schwarz criterion		13.11933
Log likelihood	-81.42824	F-statistic		432.8403
Durbin-Watson stat	1.928369	Prob(F-statistic)		0.000000

模型变为

$$Y = 2.424628X_1 - 0.172290X_2 - 12821.05$$

模型检验：

（1）拟合优度检验。

回归的 $R_2 = 0.989041$，调整后的 $R_2 = 0.9853389$。表明方程拟合度较好。

（2）显著性检验。

F（变量显著性）检验表明，模型从整体上看因变量与自变量之间线性关系显著。T（变量显著性）检验表明，各变量的系数T值对应的P值很小（<0.05），表明65岁及以上人口比重与城镇人口比重对财政中的养老保险支出有显著影响。

（3）异方差检验。

Eviews软件上直接进行怀特（White）一般异方差检验，该检验在 5% 的显著水平下，自由度为 3 的 χ^2 = 7.815，NR_2 = 13 × 0.989 = 12.857 > χ^2（3）因此该方程不存在异方差。

3.3.4 经济意义分析

根据回归结果可得，所估计的参数 β_1 = 2.42，说明 65 岁及以上人口比重每增加一个百分比，财政支出中养老保险支出平均增加 2.42 亿元。β_2 = -0.17，说明城镇人口比重每增加一个百分点，养老保险支出平均降低 0.17 亿元。但这是在 2010 年以前的数据上得出来的，2010 年之后中国的新农保的改革力度不断增强，2012 年底已经实现全覆盖，改变过去对农村只是政策支持，为现在的各级财政实实在在给予财政补贴。

第 4 章

国际经验及教训

我国进行养老保险制度改革是我国实现社会主义和谐社会的重要组成部分,同时,也是世界养老保险改革的重要组成部分。所以借鉴成功的养老保障发展模式,有利于加快我国的养老保障改革的步伐。从世界养老保障的发展现实看,根据养老保险资金来源及其承担主体的角度,可将养老社会保险制度分为以下三种类型:投保资助型、福利国家型和储蓄积累型。以美国为代表的投保资助型养老保险模式,强调养老保险中的个人责任,国家的养老财政支出负担相对较轻,仅给予部分资金扶持;以英国为代表的福利型养老保险模式,强调养老保险中的政府责任,国家的养老财政支出负担一般较重;以智利为代表的储蓄积累型养老保险模式,政府除了需要支付制度的转轨成本外,没有任何财政养老保险支出,未来的压力几乎没有。不同类型养老保险费支出在国民生产总值中所占的比重数字庞大而呈现刚性上升趋势,像福利型养老保险的瑞典为 19.48%,比利时为 21.715%,而投保资助型的美国仅为 7.53%,加拿大为 7.12%。[①] 中国的养老保险应该遵循怎样的发展模式,在各种类型中,又该借鉴到哪些内容是本章研究的主要内容。

---

① http://yanglaojin.baike.com/article-248930.html。

4.1 投保资助型养老保险模式——以美国为代表

这是世界上很多国家实行的养老保障模式。投保资助型养老保险制度的核心内容就是社会共担养老风险、同时社会共同分享养老保险的成果。这种模式一般是在一个国家的工业化取得了一定成就，国家的综合经济实力比较雄厚的前提下形成的，1889年俾斯麦政府所首创的社会养老保险制度，后来为美国、日本等国所纷纷采纳。

4.1.1 投保资助型养老保险模式的特点

投保资助型养老保险制度主要强调养老保险制度中的个人责任部分，要求强调个人自保责任，国家也负有给予资金扶持的责任，但总体上的责任主体在个人。这种模式的特点是：

（1）给付标准多层次。

投保资助型养老保险制度根据投保人在参保时缴纳保险费（税）的情况不同而加以区别对待，即多缴纳者多享受，少缴纳者少领取。政府提供的养老金具有层次性，具体而言，养老金的给付标准可分为三个层次，第一个层次是基础养老金，只要符合政府规定的养老金领取标准（包括缴费年限达到多少年、领取年龄达到多少岁等等），都可以无差别的领取基础养老金；第二个层次属于企业职工养老金，这个层次主要是针对企业职工而言的，在职期间缴纳的保费是其工资收入的一定比例，也都规定了最低缴纳起点和上限，只要没达到起点的可以不缴，超过部分也可以不缴，这是为了更好的体现养老保险的收入再分配功能，通过企业职工养老金在企业职工不同收入群体之间缩小收入差距，以保证老年生活不会有太大差别；第三个层次是企业年金，这是企业在前两项的基础上额外为职工缴纳的保险项目，很明显可以提高职工退休后的生活水平，一般情况下，都是一些单位效益好的企业才会建立企业年金，而且这对调动职工的生产积极性收效显著，也会树立企业良好的社会责任形象。由于是企业额外给予的福利，所以一般由企业自行决定投保的办法和职工的领取办法。

投保资助型老年保障模式的多层次性决定了该制度的管理难度会比较大，管理成本也会比较高。对于基本养老保险是国家立法通过强制参加的，覆盖面广、涉及人数众多决定了养老保险基金的数额庞大，管理成本也会较大。对于企业职工养老保险则是覆盖面有限，仅包括企业职工，管理难度和工作量相对少一点。企业年金的管理责任落在企业自己身上，但大多会通过商业保险公司进行规模化经营。

（2）基金筹资方式灵活多样。

投保资助型养老保险基金的筹集方式可以采用现收现付制，也可以采用完全积累制，还可以采用部分积累制。具体采用哪种方式，要视各国的具体情况而定，不论采取哪种筹资方式，筹资的责任主体没有太大区别，主要还是企业和个人投保占主要部分，国家承担补贴或资助责任。基础养老金是所有公民都参加的，企业养老金是企业职工在职期间按工资的一定比例缴纳，同时企业也要出资一部分。企业年金则是由企业为其职工缴纳的，缴纳比例各个国家要求的不一样，在一个国家的不同发展阶段也不一样。

（3）政府直接管理基金。

投保资助型养老保险基金一般都是由政府直接授权设立专业部门管理基金，在资金的安全性上要求较高，投资方面的限制较多，大多都只允许存入银行、购买政府公债等渠道，基金管理机构之间没有竞争，基金的保值增值风险较大，尤其在遇到通货膨胀、物价上涨的情况，基金基本处于贬值状态，但是基金的安全性较高。

4.1.2 美国养老保险的实现条件及借鉴

（1）美国养老保险制度的实现条件。

①美国养老保险制度发展的社会环境。在美国历史上，建立养老保障制度主要是为了解决大萧条带来的一系列社会问题，所以，美国养老保障体系从建立的那天起，就带有强烈的公共政策色彩。

1929~1933年危机期间，美国每年有1300万工人失业，1100万户农民更加贫困，游行、骚乱此起彼伏。为了避免更大的社会动乱的发生，美国被迫将社会保障作为全国性的问题提上政府的议事议程。罗斯福总统在推行"新政"时强调指出，过去那种依赖于家庭和邻里的互助已经很不适应现代大规模的生产，每个人的安全只能通过政府的力量调动社会各种因素才能得以保障。实行社会保障可以避免工业社会中的巨大变动给人们乃至社会、国家带来的冲击。这一时期促进美国政府重视社会保障的还有一个因素，即"凯恩斯革命"，凯恩斯理论成为政府宏观经济政策的理论指导，公共开支（其中包括福利开支）被当作刺激经济复苏的主要因素。1935年8月罗斯福总统签署了《社会保障法》，该法借鉴了欧洲社会保险立法以及实践，以社会保险为中心，是第一个综合性的包含全部项目的社会保障立法，标志着第一个比较完整的社会保障制度在美国正式面世。美国社会保险制度是其社会保障制度中最核心的部分，养老保险是美国社会保险中最重要的一项。

②美国发展养老保险的经济条件。在美国，政府按工资总额的一定比例向雇主和个人征收社会保障税，并从中拿出一部分来实施保障项目。此项税收的数额最高时占到整个联邦税收的35.7%，实际上，这也是对社会收入实行再分配的一种方式。

美国联邦政府的社会安全（保障）总署直接管理社会保

险。管理办法全美国统一，管理机构实行垂直化领导。各县、州（市）地方政府只负责附加保障计划。全国设立了 40 个电话咨询中心，负责接受公民的查询咨询，实行免费服务。全国每年征收社会保障税 5684 亿美元，每年提取管理费用 38 亿美元，提取比例约为 7‰。按全国 6.5 万名工作人员计算，每人每年管理费用近 6 万美元，为开展社会安全（保障）业务提供了保证。①

美国社会保险制度是美国整个社会保障制度中最核心、最基本的部分，养老、遗属与残疾保险是美国社会保险中最重要的一项，其资金支出约占社会保险支出的 80%。美国政府 2004 年用于社会保险的支出已经达到 4955 亿美元，占美国政府财政总支出的 21.6%。

美国的老年社会保障制度建立以来，由于人口年龄结构的变化，每个缴纳养老金税收的人，所负担的人口比例正在发生深刻变化。从 1950 年开始，供养比例已由每个退休养老金领取者被 16.5 人供养，发展到 2005 年的每 3.3 个人就需要供养 1 名退休人口。

表 4-1 美国社会保障参保人数与供养人数比例的变化情况

年份	参保职工（千人）	受益人数（千人）	供养比例
1950	48280	2930	16.5∶1
1960	72530	14262	5.1∶1
1970	93090	25186	3.7∶1
1980	113649	35118	3.2∶1
1990	133672	39470	3.4∶1
2000	153691	45166	3.4∶1
2005	158999	47914	3.3∶1

---

① 莉萍：" 美国的养老保险制度"，《重庆调研》，2002 年第 3 期。

续表

年份	参保职工（千人）	受益人数（千人）	供养比例
2010	167746	52484	3.2∶1
2020	177070	67987	2.6∶1
2030	181863	83809	2.2∶1
2040	187459	91526	2.0∶1
2050	192929	95720	2.0∶1
2060	197529	100985	2.0∶1
2070	201976	106404	1.9∶1

资料来源：2004 OASDI Trustees' Report，http：//www.ssa.gov/OACT/TR/TR04/index.html，2009 年 6 月 12 日。

与此同时，美国老年社会保障基金的收支结果也必须高度关注。从 1982 年以来，美国的老年社会保障工薪税以及带来的收入，都超过支出的养老金，2004 年时盈余达到 1500 亿美元。① 随着第二次世界大战后人口激增时期出生的一代人逐渐开始领取养老金，在现行税收、养老金和退休年龄相关法律不变的状况下，支出的养老金将逐渐超过社会保障工薪税收入。据计算，在 2018～2019 年，社会保障信托基金将开始出现亏空，需要从一般基金提取。到 2041 年②或到 2052 年③，社会保障信托基金的盈余将全部用完，届时的社会保障税收将只够支付应当支付额的 74%～78%。要解决这个问题，需要通过改变在职职工的缴费率来解决。美国现行社会保障工薪税率为

---

① OASDI Trust Funds，http：//www.ssa.gov/OACT/STATS/table4a3.html，2008 年 10 月 28 日。

② Social Security Administration，http：//www.ssa.gov/OACT/trsummary.html，2008 年 10 月 28 日。

③ Congressional Budget Office（CBO），Long-TERM Analysis of Plan 2 of the President's Commission to Strengthen Social Security，http：//www.cbo.gov/doc.cfm?Index=5666，2008 年 10 月 28 日。

15.3%，虽然在 1990~2009 年之间养老保险基金能有结余，据美国学者 A. H. Robertson 的预测，社会保障工薪税率在 2020 年将达到 19.5%，2030 年税率将达到 23.3%。①

研究显示，今后美国社会保障支出增加的主要部分是"老年人和残障健康保险"计划，从 2004 年到 2030 年，老年社会保障费和老年人残障健康保险计划支出，合计将从美国 GDP 的 7% 提高到 13%，其中的 2/3 是"老年人和残障健康保险"保险费。②

③美国养老保险的法律体系建设。早在 19 世纪末，美国就在部分地区实行过养老退休制度，并在 1909 年通过了第一个老年养老金立法，但是，由于大萧条时期失业职工太多，企业根本无法应对，于是各州开始向老年人提供一些保障，虽然这种做法的作用有限，但这实际上成为老年社会保障制度在美国的肇始。

1920 年美国联邦政府为美国联邦政府工作人员创建了退休金制度。1934 年通过的《美国铁路员工退休法》规定，铁路员工的退休金由员工自己和铁路公司来共同承担。

美国社会保障制度的建立与解决大萧条中大量的失业人口密切相关，并随之成为美国资本主义混合经济的一项长期制度。大萧条来临后，在美国人民的呼吁下，罗斯福政府和美国国会开始着手全面探索并建立社会保障制度，其重要的标志是通过了美国 1935 年的《社会保障法》（Social Security Act）。在 1935 年社会保障立法初期，美国社会保障制度的覆盖范围非常有限，而包括农业工人、国内服务业和政府雇员在内约 900 万人被排

---

① A. H. Robertson：《美国社会保障制度》，金勇进等译，中国人民大学出版社 1995 年版。

② It's More Than Social Security，http：//www.washingtonpost.com/wp-dyn/articles/A8100-2005Jan13.html，2008 年 10 月 28 日。

除在社会保障制度外,他们享受独立的社会保障,类似美国铁路职工的老年退休制度。

1939年,美国国会对1935年《社会保障法》进行了修订,1939年《社会保障法》修正案规定,从1940年开始,向老年人按月发放养老金,并把老年人的遗属和赡养的子女纳入这套社会保障体系之内,于是,这时美国社会保障计划进一步演进成为"老年与遗属保险"(OASI)制度。在1937年之后,美国社会保障制度发展开始加快步伐,并开始由全额资助转变为现收现付模式(the pay-as-you-go system)。这项改革更加推动了美国老年社会保障制度的发展,同时也对一些相关规定进行了不断修订,如改变了养老金只和收入挂钩的规定,规定向已婚者提供额外的补贴等。这样,美国社会保障体系更加完善了。美国社会保障制度建立后的头40年是全面发展的重要阶段,1935年《社会保障法》奠定了美国现代社会保障制度的基础,它的发展体现了促进社会公平和全面建立社会保障两项基本的政策取向。该法规定,老年退休金一半来源于退休人员以前交纳的薪金税(payroll tax),另一半来源于雇主为职工交纳的资金。美国从1937年开始征收薪金税,征收"社会保障工薪税"的适用法律是《联邦保险贡献法》(Federal Insurance Contributions Act,简称为FICA),所以"社会保障工薪税"在美国被称为"FICA税"。1935年《社会保障法》的受益规定在第二编部分,所以有时社会保障也称作"第二编计划",而税收部分却在第八编。1939年《社会保障法》修正案对此进行了修正,把第八编单独取出,放在美国《国内税收法》中,这就是《联邦税收贡献法》,体现了工薪税是交纳者对美国社会保障体系的贡献。

1939年《社会保障法》修正案的颁布具有里程碑式的重要意义,它标志着美国养老保障制度的进一步完善,并对美国养老保险基金的投资指明了新的方向。该修正案创立了社会保障信托基金,以管理基金余额,基金管理受托方是美国财政部长,法律允许基金投资流通证券和非流通证券。至此美国老年社会保障制度也开始向家庭保障方向转变。在这项法律修正案条文中,还纳入了《联邦保险贡献法》。

20 世纪 50 年代,美国《社会保障法》修正案主要着眼于制度的修补。1950 年,美国《社会保障法》开始覆盖有国内工作、每周起码工作两天以上的家庭雇佣者,还开始涵盖非营利工作者和自谋职业者。1954 年,美国《社会保障法》修正案又增加了宾馆服务、洗衣、所有农业工作者,以及各州和当地雇员的社会保障规定。1956 年美国国会把"社会保障工薪税"税率提高到了 4.0%。

20 世纪 60 年代美国的《社会保障法》修正案经过数次改革,完善了社会保障制度。1961 年,美国《社会保障法》修正案把"社会保障工薪税"税率提高到 6.0%。1962 年,美国《社会保障法》修正案承认了成年妇女的工作身份,参加社会保障的妇女在其身后,丈夫、遗孤和子女准予领受养老金,但是,上述养老金领受者个人,应当证明其受赡养身份。[①] 1965 年《社会保障法》修正案增加了"老年人和残障健康保险"计划。社会保障模式也由从独立的"信托基金"模式转变为提取并存入一般基金账户,并得到国会预算支持的模式。1968 年,美国进行财政体制改革,老年社会保障基金的余额抵销了全部债务,而当时的老年社会保障基金实际规模仍旧非常大。

1972 年《社会保障法》修正案对于美国当代社会保障制度的发展贡献颇多。在 1972 年《社会保障法》修正案中,美国国会通过了对 2780 万养老金受益人增加 20% 养老金的法案,养老金从每月的平均 133 美元上升到 166 美元。国会还决定,从 1975 年开始,实行按生活成本调整养老金的办法(Cost of Liv-

---

① Kessler - Harris, Alice, In Pursuit of Equity, 2001, p.150.

ing Adjustment，简称为 COLA）。法案规定，一旦美国的物价指数（CPI）上涨幅度超过 3%/年，即对养老金进行相应调整。后来发现，按生活成本调整公式的设计存在问题，造成了一种所谓双指数（Double - indexing）现象，一旦 CPI 上涨一倍，则发放的养老金竟会提高两倍。当年 10 月，美国国会又通过了总额达 50 亿美元的社会保障预算，扩大老年社会保障计划，提高了那些在低收入岗位上工作 30 年以上的个人受益人的养老金，另外有 380 万遗孀和男性遗孤的养老金也得到提高。[①] 1972 年美国《社会保障法》修正案还建立了"补充保障收入"计划，那些从未交纳过工薪税的移民，年满 65 岁时也受到这个计划的覆盖。

1977 年美国《社会保障法》修正案重新修正了双指数错误，COLA 系数不再与工资挂钩，而开始与 CPI 挂钩，同时改变了税收公式，以筹集更多养老金。[②]

1982 年，根据美国有关部门的预测，老年社会保障信托基金在 1983 年就将耗尽，无法再向受益人支付养老金，于是，美国成立了"全国社会保障改革委员会"解决这个问题，随之该委员会发表了《全国社会保障改革委员会报告》。1983 年《社会保障法》修正案以《全国社会保障改革委员会报告》为基调，提出暂停采用按生活成本调整养老金核算方法执行 6 个月，并修订 1984~1990 年"社会保障工薪税"税率表。1983 年《社会保障法》修正案把社会保障信托基金从美国统一预算中删除；该修正案还规定，从 1983 年开始，美国社会保障基金以及"老年人和残障健康保险"信托基金部分，将不再受一般预算削减的影响，以保证未来社会保障基金的总额不受影响。[③]

[①] Achenbaum, Andrew, Social Security Vision and Rexisions, 1986, p. 58.
[②] Achenbaum, Andrew, Social Security Vision and Rexisions, 1986, p. 68.
[③] Achenbaum, Andrew, Social Security Vision and Rexisions, 1986, p. 98.

1983年左右美国的养老保险的相关法律已经完善的差不多了,随后很长一段时间美国政府都是通过一系列的税收优惠来支持养老保险的发展。如1986年颁布的《税法改革修正案》,很快在2001年和2002年分别颁布了《经济增长与减税调和法案》和《企业改革法案》,这些法案为养老保险基金的投资指明了方向。政府允许个人在缴纳养老保险费后可以延迟纳税,企业则是可以在税前进行养老保险缴费的扣除,鼓励大家积极参与养老保险。正是在这一系列的政策引导下,私人养老金也迅速发展起来并初具规模,成为美国养老保险体系中不可或缺的重要组成部分。构成部分多样化的美国养老保险体系在风险面前必然具有更大的抗压能力。

(2)美国养老保险对中国的借鉴。

通过对美国养老保障制度发展的社会环境、经济条件及法律体系建设的梳理,不难发现,人口老龄化已经影响到了美国养老保障制度的可持续性发展,而且美国的法律执行在养老保障制度中也是体现得淋漓尽致,美国养老金的发放水平和物价水平、工资水平相挂钩,以及政府在税收方面对养老金的优惠政策,这些都是需要中国学习的地方。

4.2 福利国家型养老保险模式——以英国为代表

福利国家型养老保险模式,也可称为普惠型的养老保险制度,基本养老保险体系覆盖全体国民,所有退休国民或达到一定年龄的退休国民,都可以定期地从政府手中领取到养老金。福利国家型养老保险制度最大的特点就在于养老金的领取资金完全来源于政府的税收或其他形式的财政收入。有的国家会单独列出公民的社会保险税,而有的国家根本不需要公民缴纳任何费用就可以领取养老金。养老金的水平会随物价指数或工资指数的提高而调整,有一个正常的增长机制。① 1945年发表的贝弗里其报告标志着福利国家型养老保险制度的正式诞生,此后被瑞典及一些北欧国家纷纷效仿。选用福利国家型养老保险制度的国家都需具备一些基本条件,首先是生产力发展水平要高于国际的平均水平,其次是一国的GDP水平、该国国民的文化水平、国民的物质生活水平等方面都达到了较高的水平,通过国家的经济宏观调控,利用丰厚的社会福利刺激社会需求、保障老年人晚年生活、缓解社会矛盾,继而推动经济发展。

4.2.1 福利国家型养老保险模式的特点

福利国家型养老保险强调养老保险中的政府责任,要求政府扶持为主。这种模式的特点是:

(1) 重视公平轻视效率。

从人道主义的角度来设定领取养老金的条件,只要具备该国公民的资格条件,并且在该国居住超过一定年限的即可领取普遍养老金。如瑞典规定只要具有该国公民资格,并且达到法律要求的65岁,都可以无其他附加条件地领取基本养老金,养老金数额没有区别。如果退休前收入较低影响到了附加年金的数额,则政府可以给予财政补贴。养老保险的待遇水平较平等,并且标准较高。

(2) 基金筹集现收现付。

养老金的筹集来源主要是政府税收,一方面政府直接支出,另一方面企业通过缴纳税收的形式来承担养老保险责任,个人或者不需要缴纳保险费或者只用交很少的保险费就可以在退休时领取养老金。如瑞典退休者在工作期间不必缴纳任何保费;而英国则要求每个劳动者每周要缴纳收入6.5%的养老保险费。基金筹集采用现收现付,基金的贬值风险较低,安全性、保险

---

① 焦凯平:《养老保险》,中国劳动社会保障出版社2004年版。

型和共济性都很强，尤其通过社会的再分配功能对低收入者所提供保险作用要更强。基金的管理成本也不高，只要掌握退休人数和工作人数即可，根据需要领取养老金人数和供养人数之比，适时调整筹资比例，保证基金账户的收支平衡。

(3) 政府直接管理基金。

政府直接对养老保险基金进行公共管理，更多地会将养老保险基金投资在政府公债、基础设施建设等安全系数比较高的项目上，以便于控制风险，从而使基金处在较安全的状态，但与此同时，基金的增值率一般比较低。

4.2.2 英国养老保险的实现条件及借鉴

(1) 英国的养老保险制度及其改革。

英国现行的国家基本养老保险体系是在1946年《贝弗里奇报告》的基础上建立起来的，通过颁布《国民保险法》建立了世界上首个福利国家型养老保险，提供全方位的养老保障服务。英国在20世纪的五六十年代正处于经济繁荣时期，养老保险从一开始建立就处于经济水平丰裕的阶段，所以养老保险制度发展很快。政府提供的强制基本养老金只保证退休人员的基本生活，除了政府的作用，还鼓励发展补充养老保险，发挥市场在养老保险中的作用。

从20世纪70年代末开始，英国养老保险的财政支付压力剧增，这和当时的经济发展下滑、人口老龄化加剧密切相关。在80年代英国进行了私有化改革，旨在减轻政府财政压力，加大市场的参与度。到80年代末，英国政府的养老金支付负担已经保持在一个比较低的水平上，私人部门养老金发展迅速。90年代就是对私人养老金加强监管、鼓励发展的过程。

英国的养老保险私有化改革进展顺利，但过于强调效率，损害了公平，导致大批老年贫困人群出现，养老金的替代率不断下降。90年代的改革目标又转回到了重视公平。1999年和

2013年分别通过制定法案等措施切实提高养老保险给付水平，加大财政支持力度。但人口老龄化的加剧和经济发展放缓，英国国家基本养老金入不敷出，财政负担很重。在2010年甚至出现基本养老金收不抵支。养老金的替代率也在下降，再加上欧债危机的"雪上加霜"，政府财政压力持续增大。

通过梳理英国养老保险制度的发展历程不难发现，英国基本养老金在建立、发展的过程中，不断在公平和效率之间权衡，结合经济发展的不同阶段，侧重点有所不同，但两者同时兼顾确有困难。在权衡的过程中，每一阶段的改革都是通过一系列的法案来实现的。1946年的《国民保险法》正式确定了养老保险体系，内容涵盖了国家养老金计划和职业年金计划。1978年4月6日的《社会保障法》进一步完善了养老保险的覆盖内容，1986年的《社会保险法》首次将养老保障的责任向社会的私人部门转移，发展私人养老金计划，1995年英国政府制定了《养老金法案》，主要是加强对私人养老部门的监督和管理，1999年制定了《福利改革和养老金法案》，加大对养老金的扶持力度，2013年颁布了《养老金改革法案》，通过了简化养老金内容、推迟退休年龄等措施。英国养老保险由英国的社会保障部来统一管理，社会保障部内设有政策规划局、财务管理局和法律事务局。各机构管理各自的职责范围，各机构每年都要定期公布政策的制定、执行和基金的收支、运用情况，印发大量的资料，介绍各自的职责业务范围，从而使英国的养老保险体系基本形成政府、议会统一制定政策，非政府部门负责具体实施，司法和全体公众监督的养老保险管理服务体系。[1]

英国的现行国家基本养老金先是根据1978年4月6日的《社会保障法》构建起来的，后来又在1992年依据新版本对国家养老保险制度进行了完善。英国养老保险由英国的社会保障

---

[1] 吕学静：《现代各国社会保障制度》，中国劳动社会保障出版社2010年版。

部来统一管理，社会保障部内设有政策规划局、财务管理局和法律事务局。各机构管理各自的职责范围，各机构每年都要定期公布政策的制定、执行和基金的收支、运用情况，印发大量的资料，介绍各自的职责业务范围，从而使英国的养老保险体系基本形成政府、议会统一制定政策，非政府部门负责具体实施，司法和全体公众监督的养老保险管理服务体系。①

英国的法定退休年龄是男 65 岁，女 60 岁，并且需要企业和个人缴费满 156 周，达到法定退休年龄才能领取养老金。如果达到法定退休年龄后依旧停留在工作岗位上够五年，可以同时领取退休金和工资收入。依据 1978 年《社会保障法》的规定，养老金由基本养老金和附加养老金构成，基本养老金为每周 57 英镑，附加养老金为原平均工资收入的 1.25%。② 同时，退休者的配偶及未成年子女也可领取一定数额的补助。退休金每年随零售物价或平均工资变动的百分比予以调整。

目前，英国有一半的就业人口养老储蓄不足，若不尽快增加养老储蓄，20 多年后人们的养老收入将减少 30%，究其原因：一方面是退休人员的社会余命时间延长。1950 年，英国男性平均退休年龄为 67 岁，退休后平均寿命为 11 年；现在英国男性平均退休年龄为 63 岁，退休后平均寿命为 20 年。另一方面是人们人生观念的不同导致愿意提早退休享受生活，还有公司出于少交几年保费也愿意甚至强迫员工提前退休。据统计，英国半数以上的男性劳动者和 1/3 以上的女性劳动者都会提前退休。③

众所周知，社会养老保险制度是一国社会保险制度的核心，甚至是社会保障制度中的核心内容，在很多国家的社保支出中

---

① 吕学静：《现代各国社会保障制度》，中国劳动社会保障出版社 2010 年版。
② 颜莹舫："英国的就业和社会保障政策"，《社会》，2004 年第 1 期。
③ 刘桂山："养老储蓄不足愁煞英政府"，《市场报》，2004 年 11 月 2 日。

占据绝对大比重。1973年经济危机之后，英国经济陷入了长期停滞或低速增长的境地。一个经济上的"穷国"，在社会保障费用的支出上却表现为一个"富国"，这必然导致财政赤字和国债膨胀。20世纪60年代末，英国财政尚有14亿英镑盈余，而1983年却已转为115亿英镑的逆差，各级政府的财政赤字已占到国内生产总值的4.8%；70年代通货膨胀率平均高达15%，居欧洲共同体各国之首。其中，1975年零售物价上涨率竟高达24%；1982年，国债已达1000亿英镑，占当年国民收入的一半以上，仅利息就达到60亿英镑。所以，英国被人们讥讽为"靠借债度日的安乐国"。保障开支节节上升，国家财政入不敷出，财政赤字连年不断，通货膨胀居高不下，周而复始，形成了恶性循环。

为了维持社会保障制度，政府每年都要支出巨额款项。1994~1995年，社会保障支出占国民生产总值的11.4%，占公共支出的30.5%；1996年社会保障支出占财政支出的32%；1997年英国政府用于社会保障的支出占其国内生产总值的比例尽管已经比前几年有所下降，但仍达到26.5%。[1]

鉴于上述情况，英国政府进行了一系列的改革。逐步取消国家负担退休金制度，建立私人企业负责制，退休金额不得低于国家规定的最低标准。改革主要围绕的是养老保险责任逐渐由国家负担为主变为国家进行政策干预，企业和职工个人自我负担为主，这种指导思想是通过一系列的改革措施来实现的。比如养老金的给付水平和物价水平、工资水平都建立联动影响机制，使得劳动者在退休后领取的养老金的替代率不至于太低而影响退休生活；养老金的领取基数按照一生的平均收入水平来确定；通过税率的设计，使得多收入者多缴费，少收入者少

---

[1] 曹永森："国家、市场与社会作用之比较研究"，《南京航空航天大学学报》，2004年第6期。

缴费，基本保证退休后都能保证基本生活的需要。①

（2）英国养老保险对中国的借鉴。

英国的养老金的发放水平会随着社会平均收入、物价水平的变化而调整，中国目前的养老金水平没有一个合理的调整机制，这是不公平的，应该让退休人员一起分享社会发展成果，这是中国需要改进的；英国养老金的发放水平是和领取人一生的平均收入水平相联系的，而中国目前没有完善的工资机制；英国养老金包含两个层次的保障，除了基本养老保险，还有补充养老保险（个人储蓄养老、政府财政补贴），而中国目前的第二、第三支柱的养老保险发展的还很缓慢，英国政府将社会保障的部分责任从国家转移给企业和家庭，从而减轻了财政责任及风险，这是下一个阶段中国应该学习的地方。

4.3 强制储蓄型养老保险模式——以智利为代表

强制储蓄型养老保险模式，也被称为自我保障模式。这种模式下的养老保障基金来源于雇主和雇员两个方面，国家不进行直接的投入，只是给予税收和利率等方面的政策性支持。目前强制储蓄型主要有智利模式和新加坡模式两种。智利模式是通过建立个人账户，国家承担养老保险最低待遇，个人账户完全实行私有化管理，将个人账户交给私营养老保险公司来运营，这些养老保险公司都是盈亏责任自己承担。新加坡模式是建立了个人公积金账户，劳动者在工作期间与其雇主共同来缴纳养老保险费，等劳动者退休后将完全依靠从个人账户中领取养老金，这时国家不再给予任何补贴，其个人账户中的资金可以依据劳动者意愿一次性领取，包括多年的利息，也可以分期分批

---

① 丁建定、杨凤娟：《英国社会保障制度的发展》，中国劳动社会保障出版社2004年版。

地领取。其明显特点是由中央政府决策和自上而下地组织开展强制储蓄,然后由中央公积金局统一进行管理和运营投资。

4.3.1 强制储蓄型养老保险模式的特点

(1) 重视效率轻视公平。

由于重视效率,个人退休后的养老金水平完全取决于个人账户里的数额,以及基金投资运营的效果,所以不论是私营公司还是中央公积金都会在资本市场中注入大量资金,给经济发展以新的活力,促进国民经济的繁荣。但过于强调个人责任,强调效率,忽视了公平,不能很好的体现养老保险的社会共济功能。

(2) 基金筹集完全积累。

在基金的筹集模式上采用完全积累制,通过个人账户管理,养老金领取完全取决于账户内的数额,可以激励个人多积累,但与此同时,账户的管理成本很高,需要处理很多的个人隐私信息及相应的计算机信息处理系统来支持,从而带来较高的管理成本;个人账户的利息只有每年都高于通货膨胀率才能不贬值,但一个人从上班到退休,要经历几十年的时间,账户资金贬值的风险很大。

(3) 政府授权管理基金。

在资金管理方面,政府或者授权多个私营养老基金管理公司管理基金,或者是授权中央公积金局来进行管理。多个私营养老基金管理公司之间在争取投保户人数和投资领域等很多方面是存在激烈竞争的,投保人可以根据各个公司的收益率变化在不同公司之间自由选择。政府只负责从法律层面上对私营公司进行限制,对其日常经营活动进行监管。中央公积金局是政府授权、依法设立的社会保险管理机构,它的职责是制定社会养老保险的基本方针政策,日常的管理流程以及具体的来执行规定,为每个投保人记录其个人公积金账户的资金变动情况,遇到物价调整时会依法调整账户的缴费比率等等。相比较而言,私营公司的经济效率要高一些,经营自由度也要高一些,但风险也要相对高一些;公积金局的经济效益相对要低一些,自由度也不大,但风险控制上要好一些,保险程度要强一些。

4.3.2 智利养老保险的内容及借鉴

正如郑功成教授所指出的:"自19世纪80年代俾斯麦创造的德国社会保险模式和20世纪40年代以后依据贝弗里其报告建立的国家模式后,社会保险领域再也没有一种改革能够像智利模式这样引人注目了。"

(1)智利养老保险的内容及特点。

智利养老保险制度的引人注目是20世纪80年代养老保险改革之后的事情,改革之前的智利,曾经也是拉丁美洲第一个引入社会保险的拉美国家,在为白领工人和蓝领工人提供退休金之后,又在行业上扩展,创立职工保险金机构。但当时的智利,社会保障机构众多,管理条例纷繁复杂,政策不统一,发放条件错综不一,从而导致管理成本非常高,退休金资源分配严重不均,贫富差距很大。① 后来,发展为单纯以非独立工人为保障对象,分配仍然不公平。以支定收的现收现付模式,随着人口老龄化,人口抚养比不断减少,财务亏空越来越大,给国家财政带来很大的负担。

在这样的背景下,皮诺切特政府成立后,于1979年进行养老保险改革,于1980年颁布了《养老保险法》,智利的改革被称为智利模式,由于其在退休金制度方面所取得的巨大成绩而受到世人瞩目。

改革后的智利养老保险制度的主要内容包括:实行强制性储蓄,以个人资本积累为基础,通过个人账户,以这些资金在资本运行过程中的增值额转换为退休者的养老收入。规定年限

---

① 吕学静:《现代各国社会保障制度》,中国劳动社会保障出版社2010年版。

(1983年)之后参加工作的劳动者统一加入新制度;在规定年限(1983年)之前参加工作的,自由选择加入新或旧制度,新旧制度转换的转制成本由国家负担。达到法定退休年龄的(男年满65岁,女年满60岁)劳动者可以领取养老金。

新的养老保险制度主要包括以下特征:

第一,筹资模式为强制的个人储蓄制。强制退休储蓄制度要求所有的工薪雇员每月缴纳月收入一定比例的保险费,直到达到法定退休年龄退休为止。个人退休后,可以用自己存的钱到保险公司购买终生年金或安排从自己账户中每月支取一定数额的退休金。这是纯粹的个人积累,雇主并不为雇员投保,养老金的增值主要通过管理公司所进行的投资活动获利而实现,等职工退休时可以一次性给付给退休雇员,也可以依据基金积累的时间长短、规模大小而采取多种给付方式。

这种模式在一定程度上减轻了国家所承担的责任,退休者养老金的多少直接取决于其在职期间历年的积累数额,职工个人退休后获得的养老金等于其数额,这种做法将激励机制引入养老保险体制,建立了保费缴纳与保险金给付之间的权利、义务关系,提高了投保者的积极性,保证了养老保险金的稳定来源。[1] 这样不仅有效地解决了社会保障问题,而且创立了在工人手中积累财富的新机制,工人将成为金融投资储蓄的主要力量之一,有效地将国家控制财富转移到工人手中。

第二,私营公司管理运行养老保险基金。政府授权一些养老金管理公司进行私人管理经营,养老金管理公司非国家所有,养老金管理公司可以代表投保人在金融市场上自行决定其投资策略,购买股票、债券、金融期货合约等法律允许的范围内,也可以投资在实业领域,不管如何投资,投资收益都归投保人

---

[1] M. 因方特、J. 阿里斯蒂亚、J. R. 温杜拉加:"智利社会保障改革历程",《社会保障制度》,2001年第5期。

所有，公司不得据为己有。投保人会根据各投资公司的收益率来选择将自己的公积金账户放在哪个公司，以后也可以随时将已存储的养老金从一个公司转移到另一个公司。在一般情况下，不到退休年龄，即使失业，投保人也不能动用自己账户上的基金，而只能从政府领取失业救济金，一旦重新找到工作，再继续往自己的账户上存养老基金。当然这和智利新养老保险制度运行时间短，积累少有直接关系。

投保人可以自由选择管理公司，一方面可以使职工选择效益好的管理公司，以便退休时领取较多的养老金；另一方面，也可以使各养老公金管理公司在竞争中发展自身，从而有利于整个养老金体系以及社会保障体系的发展。

第三，切实有效的法律保证。养老保险管理公司用于投资的资金属于职工，因此，政府为保障投资的有效、可靠和安全性，从可投资证券、风险分类、投资限制、设定交易场所、证券安全保管和保证最低收益等方面制定了一系列政策法规。用以规范这些私营公司的经营，保障广大投保人的利益。

(2) 智利养老保险制度对中国的借鉴。

智利养老保险制度最大的贡献应该在于对个人的激励作用和对国家财政负担的解脱。这种单纯依靠个人积累的个人账户制度在一定程度上减轻了国家的财政负担，国家只需要承担制度的转轨成本，而不会再有后续的养老保险财政支出压力；智利的退休金在国内私人基金中引入竞争，创造了良好的资本市场，刺激了经济增长，对中国的启示是：合理解决养老保险转轨成本，会使经济发展和社会稳定形成良性循环。

第 5 章

中国养老保险支出的财政风险诱因之一：老龄化

到 2012 年为止，全球人口已经超过 70 亿人。其中 60 岁以上的人口有 8.93 亿人，占 12.76%，到 21 世纪中叶，老龄人口将增加到 24 亿人，占比超过 25%。① 人口老龄化将对各个国家的养老保险制度产生深刻的影响。

5.1 人口老龄化的相关界定

5.1.1 人口老龄化的内涵

人的生老病死是一个很自然的现象，而现在全世界范围内的人口老龄化正在引起越来越多的人关注。人口的老龄和老龄化是不一样的，老龄是指一个自然人个体随着年龄的增长而带来的衰老，而老龄化则是指这些衰老的个体在整个人口数量中所占的比例不断上升的一个过程。因此可以这样说，老龄问题是所有社会都必然要面临的问题，而老龄化问题则是现代社会

---

① 林采宜：" 养老为什么会成为世界性的难题？"，http://finance.qq.com/a/20120907/001456.htm? pgv_ref = aio2012&ptlang = 2052。

不断发展的结果①。人口老龄化是指每个人或某个国家、地区的总人口寿命不断延长、增龄、变老的过程。具体而言,可理解为老年人口数在总体人口数中的比例随时间推移不断增加的一种人口年龄结构动态变化的过程。这是一个人口年龄结构的变化过程,即总人口中青年人口数量不断减少、年长人口数量增加而导致的老年人口比例不断上升的动态过程②。联合国提出的人口老龄化的划分标准是:当一个国家或地区总人口中60岁以上的人口占总人口比例达到10%或者是总人口中65岁及以上老年人口占总人口比例达到7%,则该国家或地区就进入老龄化社会③。

现在人们一提到老龄化,势必会提到积极老龄化的概念。积极老龄化是世界卫生组织在1999年提出的一个概念,随着全球人口老龄化的发展,国内外的专家学者都在密切关注并深入研究了这一概念。积极老龄化是指让老年人以一种积极的态度来参与社会活动,这不仅对老年人自己的身体健康和心理健康有帮助,也会给家庭带来很大的便利,帮助子女处理一些事情,并且由于老人的健康也会节约大量的医疗费用。

积极老龄化就是让老年人能够在"健康、参与、保障"的理念下,健康的生活、积极地参与、保障高品质的生活质量。老年人的健康,不仅包括身体的健康,还包括精神方面的健康。老年人的身体健康指的是身体的各项机能虽然有所老化,行动可能不是很快捷,但生活可以自理,能自己的事情自己做,不依赖别人。老年人的精神健康就是指老年人整个人的精神状态积极向上,主动参与家庭活动、社会活动,能够依照自身意愿

---

① 刘险峰、曹丽媛、艾量:"关于我国人口老龄化的思考",《烟台大学学报》(哲学社会科学版),2011年7月。
② 王树新:《北京人口老龄化与养老》,中国人口出版社2008年版。
③ 陈俊凤:"我国人口老龄化探究及建议",《经济与法》,2011年3月。

安排自己的时间。老年人只要参与到社会活动中，不论是为社区做义工，还是再去应聘工作，还有的老人主动要求带孙子，只要自身的活动是建立在社会活动的基础之上，那就都是积极的，对老人的身体和心理都是非常有益的。

老年人积极参与社会活动，对家庭和社会都是有益的。既可以减轻家庭的经济负担，也可以增加社会财富，为税收做贡献。据一些心理学家研究发现，老年人经过多年工作经验和生活经验的积累，智力水平都在呈上升趋势，因为理论和实践的反复作用，使得老年人对业务的理解程度深刻的多，老年人是一国的宝贵财富，与此同时，积极参与社会活动的老年人对生活的满意度都较高。

5.1.2　人口老龄化的主要测度指标

目前反映人口老龄化的常用指标主要有三类[1]，即反映人口老龄化发展程度的指标、人口老龄化发展速度的指标和人口老龄化的经济指标。

（1）人口老龄化程度指标。

①老年人口比重。老年人口比重又称老年系数，指老年人口数量在总人口数量中所占的比例。这是衡量老龄化程度的重要指标。该指标的水平高低反映整个人口年老或年轻，指标值越大表明人口老龄化程度越高。

$$老年人口比重 = \frac{老年人口数}{总人口数}$$

②老龄化系数。老龄化系数又称老少比，是指老年人口数量与少年儿童人口数量之比。这是反映人口老龄化程度的指标，老龄化系数达到 30% 以上为老年型人口。该指标值越大，表明

---

[1]　王树新：《北京人口老龄化与养老》，中国人口出版社 2008 年版。

未来老年人越多，人口老龄化程度越高；老少比值越小，未来老年人口越少，老龄化程度越低。

$$老龄化系数 = \frac{老年人口数量}{少年儿童人口数量}$$

③高龄老年人口系数。高龄老年人口系数又称长寿水平，是指80岁及以上老年人口在老年人口中所占的比重。这是反映高龄化程度及长寿水平的指标，如果该指标值超过10%，表明人口老龄化水平较高。

$$高龄老年人口系数 = \frac{80\ 岁及以上老年人口数量}{老年人口数量}$$

④年龄中位数。年龄中位数是度量人口年龄结构的常用指标之一，也是度量人口老龄化的基本指标。年龄中位数超过30岁时，人口呈现老化，为老年型人口。

⑤以上单个指标只是反映某一方面的老龄化程度，如果反映一个整体人口是否全面达到老龄化水平，人们常用下列的系列指标体系去衡量。

表 5 - 1　　　　　人口老龄化的类型

年龄构成	年轻型	成年型	老年型
0～14 岁人口	40% 以上	30%～40%	30% 以下
65 岁以上人口	4% 以下	4%～7%	7% 以上
老少比	15% 以下	15%～30%	30% 以上
年龄中位数	20 岁以下	20 岁～30 岁	30 岁以上

(2) 人口老龄化速度指标。

①人口老龄化速度，该指标反映的是人口老龄化的进度情况。可用老年人口发展速度、增长速度来表示；或者是与其他人口（总人口、少儿人口、劳动力人口等）的发展速度、增长速度相比较观察人口老龄化发展速度或增长速度的快慢。

②老化率是指老年人口增长率与总人口增长率之比。该指标值大于1，表明人口老龄化速度增长快于总人口的增长速度，人口趋向老龄化。

（3）人口老龄化的经济指标。

人口老龄化的经济指标是指老年人口经济抚养比，即老年人口数量与劳动人口数量之比。该指标反映的是老年人口群体与劳动年龄人口群体之间的经济抚养关系和两种人口年龄构成的社会经济意义。该指标值越大表明社会对老年人口的负担越大，从中也能反映出人口老龄化的程度。

5.1.3　中国人口老龄化形成的原因

（1）经济持续发展，医疗卫生条件改善，人口死亡率降低，预期寿命延长。

中国经济的持续快速发展使得人们的物质文化生活水平得到极大的提高，各种社会福利水平的提高、医疗卫生条件的改善，使人们的死亡率降低，从新中国成立初到2009年，我国的人口死亡率从20‰下降到7.08‰。[①] 与此同时，人们的预期寿命在不断增长，据世界卫生组织公布的《2008年世界卫生组织报告》显示，中国的人均预期寿命为72岁，中国男性平均寿命由新中国成立初的39岁延长为70岁，女性平均寿命由新中国成立初的42岁延长为74岁。死亡率的下降和预期寿命的延长共同导致了中国人口年龄结构中，老年人口数量越来越多，所占比重越来越大。这也是人口学中的金字塔顶部的老龄化。[②]

（2）计划生育政策减缓人口增长速度，加速老龄化。

自20世纪70年代以来，中国实行了以严格控制人口数量

[①]　国家统计局：《中华人民共和国2009国民经济和社会发展统计公报》。
[②]　刘险峰、曹丽媛、艾量："关于我国人口老龄化的思考"，《烟台大学学报》（哲学社会科学版），2011年7月。

为主要内容的计划生育政策，生育率得以降低，人口基数增长有限。人口自然增长率已经从1979年的12‰下降到2010年的4.79‰。① 新生人口的减少就会相对的显得老年人口在总人口中所占的比重加大。有学者大胆推测，计划生育政策实行30年使得中国少生了4亿人。② 此外，随着经济的不断发展，人们的生育意愿也在不断下降，这一方面和广大妇女社会地位提高，可以参与到劳动者队伍中去，生孩子的机会成本太大有关，另一方面，孩子的抚养成本太高，这些都导致"丁克一族""单身贵族"的出现，现在很多大城市的人口增长率为负值。这都进一步加速了老龄化的进程。

（3）城市化进程加速，使得人口老龄化的区域性特征日趋明显，老龄化程度加深。

随着经济的发展，尤其是第三产业的兴起，越来越多的农村青壮年劳动力涌入城市，使得老龄化的区域性特征日趋明显，劳动力正在由经济欠发达地区流向经济发达地区，从而导致发达地区的人口年龄结构显得年轻一些，不发达地区的老龄化程度要深一些，城乡区域性差异也很明显。

表5-2 2010年中国各省城镇、农村65岁以上人口比重   %

省、区、市	城镇	农村	农村—城镇	省、区、市	城镇	农村	农村—城镇
全国	7.80	10.06	2.26	河南	7.17	9.10	1.93
北京	8.55	9.71	1.16	湖北	7.69	10.47	2.78
天津	8.36	9.15	0.79	湖南	8.15	11.01	2.86
河北	7.53	8.80	1.27	广东	5.49	9.34	3.85
山西	6.46	8.61	2.15	广西	7.52	10.39	2.87

---

① 苏柳竹："我国人口老龄化研究及应对措施"，《科技创新》，2011年5月。
② 国家统计局：《中华人民共和国2009国民经济和社会发展统计公报》。

续表

省、区、市	城镇	农村	农村—城镇	省、区、市	城镇	农村	农村—城镇
内蒙古	7.05	8.20	1.15	海南	6.85	9.27	2.42
辽宁	10.30	10.33	0.03	重庆	9.25	14.51	5.26
吉林	8.92	7.77	-1.15	四川	9.0	12.26	3.26
黑龙江	9.15	7.19	-1.96	贵州	7.17	9.49	2.32
上海	9.89	12.14	2.25	云南	7.16	7.88	0.72
江苏	9.10	13.58	4.48	西藏	3.45	5.57	2.12
浙江	7.07	12.97	5.90	陕西	7.57	9.34	1.77
安徽	8.52	11.51	2.99	甘肃	7.39	8.71	1.32
福建	6.33	9.97	3.64	青海	6.70	5.98	-0.72
江西	6.90	8.15	1.25	宁夏	6.39	6.40	0.01
山东	8.21	11.45	3.24	新疆	7.70	5.57	-2.13

资料来源：《中国人口和就业统计年鉴2011》，中国统计出版社。

通过表5-2可以直观地看到，在城镇老龄化水平中，高于全国平均水平7.80%的有12个省份，其中最高的是辽宁省，达到10.30%，上海、重庆、江苏、四川的城镇老龄化水平也都在9.0%以上；在农村老龄化水平中，重庆最高达到14.51%，江苏、浙江、四川、上海的农村老龄化水平也都在12%以上；在农村-城镇的老龄化差距中，浙江、重庆、江苏、福建、广东的差距是最大的，而青海、吉林、黑龙江、新疆则是人口老龄化城市的老龄化率高于农村的老龄化率，呈现倒置状态。经济发达地区，如上海，进入老龄化的时间要早于经济不发达地区很多年。

（4）人口生产的社会收益在增加，人口生产的私人成本在更快增长。

随着养老保险制度、税收制度的不断完善，人口生产的外部效应不断增强，新生人口对国家税收的贡献远远大于对家庭父辈的经济回报。①绝大多数老人现在都靠退休金、个人储蓄和打零工来生活,依靠子女赡养的比例越来越小,养孩子更多的是来自于情感需求,经济上的回报大为减少,甚至牺牲自己的生活水平来补贴子女的老人更是大有人在;现代社会生孩子的成本越来越高,并且绝大部分由家庭自我消化。随着城市化水平的不断提高,人们的受教育程度和就业率都会提高,尤其是高学历、高工资的女性不断增加,生育一个孩子会给职业生涯带来很大的影响,不论是从经济成本上还是从精神压力上,机会成本和代价都太高,所以即使没有计划生育政策的限制,人们的生育欲望也会降低。

5.1.4 中国人口老龄化的特征

中国已于1999年步入了老龄化社会。中国现在不仅是世界上人口最多的国家之一,也是世界上老年人口最多的国家。2006年2月23日中国老龄办发布了《中国人口老龄化发展趋势预测研究报告》,在报告中明确指出了中国的人口老龄化具有以下特点:

(1) 老年人口绝对数量巨大。

截至2011年底,中国60岁以上老年人口1.85亿人,比重为13.7%,是世界上唯一老年人口过亿的国家,也是人口老龄化程度最高的发展中国家。2013年,老年人口将超过2亿人,预计平均每年增加1000万老年人口,2033年将突破4亿人,2050年达到峰值4.83亿人,比重高达34.1%,分别占届时亚洲老年人口的2/5和全球老年人口的1/4,比发达国家老年人口的总和还要多出1亿人。根据联合国预测,这种情况将一直延续到21世纪中叶,中国将一直是世界上老年人口绝对数量最

---

① 林采宜:"养老为什么会成为全世界的难题",http://finance.qq.com/a/20120907/001456.htm? pgv_ref = aio2012&ptlang = 2052。

大的国家,几乎占到全世界老年人口数量总和的20%,到2050年左右,印度将取代中国成为老年人口数量最多的国家,届时中国还将位居第二。

(2)老年人口在以加速度的形式增长。

据美国人口普查局的统计和预测,很多国家的65岁及以上老年人口占总人口的比重从7%上升到14%所经历的时间都不短,比如法国用了115年、瑞典则用了85年、澳大利亚和美国都是在79年左右、英国是45年、日本是26年,而中国的这个历程大约只需要27年,属于世界上老龄化速度最快国家之列。中国的老龄化还将一直以加速度发展下去。英国、法国和美国等西方工业化国家老年人口比例从10%提升到30%,一般要用100年左右,而中国预计仅仅用40年,这样的老龄化速度在人口大国发展史上前所未有。

(3)老龄化速度超过经济发展速度。

西方发达国家一般在人均GDP 10000美元左右进入人口老龄化社会,而中国是在1999年人均GDP 840美元时进入人口老龄化社会,是在现代化还没完成,经济发展水平还不高的情况下提前进入老龄社会的,属于未富先老。而中国2011年的人均GDP为5414美元,排名世界第89位,处于中等收入水平。在2017年中国的人均GDP是9481.9美元,折合人民币59261.8元,位于全球第70位。虽然经济实力有所增强,但解决养老问题的经济能力还比较低,没有充足的实力来应对老龄化。

(4)老年抚养比快速攀升。

所谓老年抚养比就是老年人口数量与适龄劳动年龄人口数量之比,即每百名劳动年龄人口负担老年人的比例。2010年中国的抚养比为19%,约5个劳动年龄人口负担一个老年人。据预测,到2020年中国的抚养比约为1:3,而到了2030年,这个数字就会变为1:2.5。

(5) 老龄化伴随家庭小型化。

随着高等教育的发展，越来越多的人面临毕业异地就业，成为离开家乡城市的新城市的第一代移民，再加上计划生育政策的实施，一家一个孩子，等孩子长大结婚后，就会形成典型的 4-2-1 "核心家庭"，四个老人两个中年人一个小孩，家庭日益小型化，同时老年人的平均寿命日益延长，空巢家庭越来越多，据报道，截止到 2016 年，中国家庭空巢率达到了 50%，部分城市家庭空巢率甚至达到了 70%。

(6) 城市人口老龄化水平明显低于农村水平。

在 2011 年，中国农村的老龄化水平整体高于城镇 2.26 个百分点，据专家预测，这种情况还会持续 30 多年。到 21 世纪中叶，农村的老龄化水平才会低于城镇。而发达国家的城市老龄化水平是高于农村的，其老龄化也是在经济发展水平和城镇化水平达到一定能够程度之后开始的。欧洲美国等发达国家大都是在人均 GDP 达到或超过 2000 美元时进入老龄化，都是"先富后老"，而我国在 2001 年进入人口老龄化时，人均 GDP 只有 1000 美元，农村地区的人均 GDP 水平更低，我国属于"未富先老"。二元的社会经济结构，以及严格的户籍管理制度，都使得我国的农村老龄化程度要高于城镇地区，因为农村青壮年人口倾向于向城市迁移，而农村老年人口的意愿和能力都使其更多地留在农村。我国的城镇地区的老龄化主要是由于经济发展带来的人均寿命在不断延长，而生育意愿低下带来的低出生率，二者综合作用下，城镇的老龄化水平不断上升。而农村地区的人口老龄化主要是由于大量青壮年劳动力迁往城市，但严格的户籍管理和高昂的房价，又不能轻易留在城镇，等年纪大了再度返乡，进一步加剧了农村地区的人口老龄化。这是中国老龄化的又一个特色。

(7) 老年人中女性的绝对数量大于男性。

在 2011 年，中国老年人中女性数量比男性多出将近 500 万人。这和女性的寿命普遍高于男性有关,所以在高龄老人中,也是女性数量居多,从而带来很多独身高龄女性出现。

5.2 中国人口老龄化的演进历程及预测

5.2.1 中国人口总数量的变化历程

目前,中国依然是世界上人口数量最多的发展中国家。从1949年新中国成立以来,伴随着经济的逐渐恢复和不断发展,中国的人口数量和人口结构也在发生着巨大的改变。人口数量由新中国成立初的5.4亿人,发展到2010年的13.4亿人。1949~2010年总共61年的年均人口增长率为1.62%。

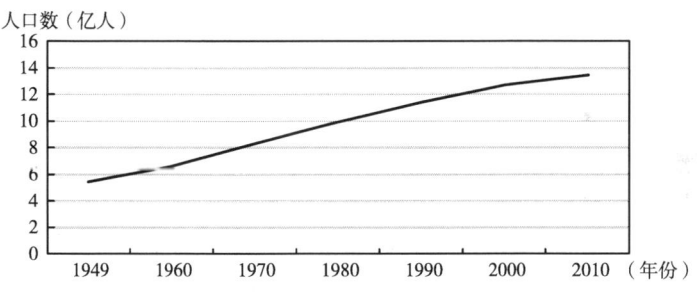

图 5.1 1949~2010 年间中国人口总量

资料来源:《中国人口统计年鉴2011年》,中国统计出版社。

5.2.2 中国人口年龄结构的变化历程

(1) 不同年龄段人口占总人口的比重。

2010年中国第六次人口普查资料显示,到2010年,中国的老年人口(60岁及以上)数量为1.78亿人,人口老龄化水平达到13.26%;65岁及以上的老年人口为1.19亿人,人口老

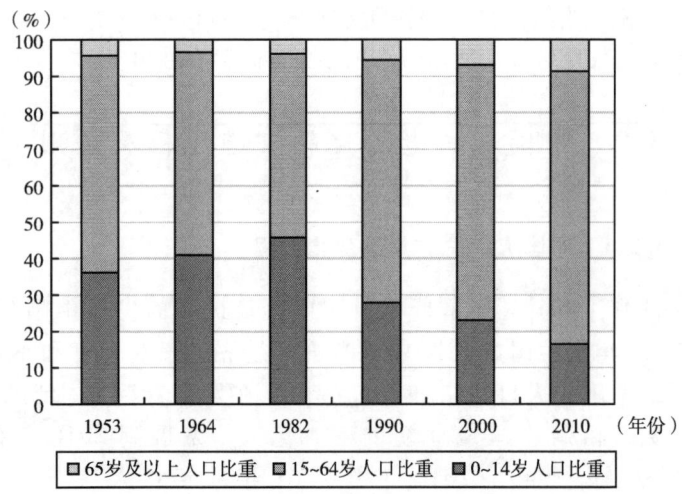

图 5.2　中国历次人口普查的人口年龄结构

资料来源：《中国人口统计年鉴 2011 年》，中国统计出版社。

龄化水平为 8.87%。[①]

（2）各人口年龄段之间的比例关系。

①劳动力人口（即 15~64 岁人口）与老年人口之间的数量比例关系，即老龄人口赡养比，这个数据反映了在这个社会中平均需要多少个劳动力来赡养一个老人。

②未成年人口（即 0~14 岁人口）与老年人口之间的数量比例关系。这个数据可以反映在这个社会中未成年人口和老年人的相对比值，即一个老人对应多少未成年人，这可以反映出未来老龄化趋势。

③未成年人口（即 0~14 岁人口）与劳动力人口（即 15~64 岁人口）之间的数量比例关系。这个数据可以反映出这个社会中未成年人与适龄劳动人口的相对比值，即一个适龄劳动力

---

① 原新："从六普数据看我国人口老龄化新变化"，《中国社会工作》，2011 年 6 月（中）。

对应多少未成年人,这可以反映出未来劳动力的后备力量怎样,是否有后劲持续保持劳动力的增加。

5.2.3 中国人口年龄结构的预测

2006年中国老龄办发布了《中国人口老龄化发展趋势预测研究报告》,该报告预测了中国在21世纪的人口老龄化发展情况,预计发展会分为三个阶段,前二十年为快速老龄化阶段,人口老龄化将以人口增长速度的5倍增速在增长,并且高龄化加速明显。第二个阶段会持续30年左右,人口老龄化会以加速度增长,到21世纪中叶,中国老龄会水平将会在30%左右。第三个阶段为后50年,中国将进入重度老龄化阶段,高龄化现象更加明显,老龄人口中将会有1/3的为80岁以上的高龄人口。

前面只是借鉴了研究报告预测的人口年龄结构的变化,下面将通过建立测算公式来预测未来的人口年龄结构如何变化。

假设 M 为人口总量,H 为老龄人口,并设 m 和 h 分别为人口总量的增长率和老龄人口的增长率,且假定 m 和 h 都是常数,后面会进行修正。这样,

$\dfrac{\dot{M}}{M} = m$ 以及 $\dfrac{\dot{H}}{H} = h$。

由于 $\dfrac{\dot{M}}{M} = m$ 因此有 $\dfrac{1}{M}\dfrac{dM}{dt} = m$ 其中 t 表示时间。

由上式可得 $\ln M = mt + C$ 其中 C 为常数

对上式进一步变换得:$M = e^{mt+C} = e^{c}e^{mt} = C_1 e^{mt}$ 其中 C_1 为常数

同理,由于 $\dfrac{\dot{H}}{H} = h$,如上方法可得到如下的表达式:$H = C_2 e^{ht}$ 其中 C_2 为常数

现设 $t = t_0$ 为初始时间，则 $M(t_0) = C_1 e^{mt_0}$ 及 $H(t_0) = C_2 e^{ht_0}$

从而得 $C_1 = \dfrac{M(t_0)}{e^{mt_0}}$　$C_2 = \dfrac{H(t_0)}{e^{ht_0}}$

故可得 $M = M(t_0) e^{m(t-t_0)}$　$H = H(t_0) e^{h(t-t_0)}$

因此，老龄化率 α 可表达为如下表达式 $\alpha = \dfrac{H}{M} = \dfrac{H(t_0) e^{h(t-t_0)}}{M(t_0) e^{m(t-t_0)}}$

记 $\alpha_0 = \dfrac{H(t_0)}{M(t_0)}$，则 α_0 为初试时间的老龄化率，因此有

$$\alpha = \alpha_0 e^{(h-m)(t-t_0)} \quad (5-1)$$

（5-1）式就是老龄化率的测算公式。

（5-1）式表明，$h-m$ 是决定 α 的变动的重要因素。$h-m$ 是老龄人口增长率和总人口增长率的差值，（5-1）式表明如果老龄人口增长率大于总人口增长率，即 $h-m>0$，则 α 是时间 t 的增函数，这时 α 将随时间的增加而上升；如果老龄人口增长率小于总人口增长率，即 $h-m<0$，则 α 是时间 t 的减函数，这时 α 将随时间的增加而下降；如果老龄人口增长率等于总人口增长率，即 $h-m=0$，则 α 保持不变。

通过（5-1）式容易计算 α 的增长率：

$$\dfrac{\alpha}{\alpha} = \dfrac{d[\alpha_0 e^{(h-m)(t-t_0)}]/dt}{\alpha_0 e^{(h-m)(t-t_0)}} = h - m \quad (5-2)$$

可见由（5-2）式表明，α 的增长率等于老龄人口增长率与总人口增长率的差。对（5-1）式进行变换，可以得到要达到一定人口老龄化率所需要时间的测算公式：

$$t - t_0 = \dfrac{1}{h-m} \ln\left(\dfrac{\alpha}{\alpha_0}\right) \quad (5-3)$$

例如,中国 2010 年的老龄化率为 0.0887 为初始值,假定 $h-m=0.02$,则由(5-3)式可计算出约经过 28 年左右中国的人口老龄化率将达到 25%。

5.3 人口老龄化与养老保险支出风险之间的关系

人口老龄化与养老保险支出之间的关系密切,人口老龄化的程度越高,需要领取养老金的人数越多,可以缴纳养老保险的人数就越少,这样势必会对养老保险的财务可持续性造成影响。

5.3.1 城镇企业基本养老保险基金收支情况

城镇企业的职工退休后按照"老人老办法,中人中办法,新人新办法"来计发退休金,老人部分由财政负担的比较多,中人和新人本应该是自我积累的,但由于制度的转轨成本没有合理解决,所以出现了个人账户空账运行。城镇企业的基本养老保险情况可以通过基金收支表来了解。

表 5-3　1999~2011 年中国城镇企业基本养老保险参保人数及基金收支情况

年份	参保人数（万人）	比增（%）	基金收入（亿元）	比增（%）	基金支出（亿元）	比增（%）
1999	12485	—	1965	—	1925	—
2000	13617	9.07	2279	15.98	2116	9.92
2001	14138	4.16	2489	9.21	2321	9.69
2002	14737	3.91	3171	27.40	2842	22.45
2003	15507	5.22	3680	16.05	3122	9.85
2004	16353	5.46	4258	15.71	3502	12.17
2005	17488	6.94	5093	19.61	4040	15.36
2006	18766	7.31	7834	24.15	5965	21.21

续表

年份	参保人数（万人）	比增（%）	基金收入（亿元）	比增（%）	基金支出（亿元）	比增（%）
2007	20137	7.31	7834	24.15	5965	21.81
2008	21891	8.71	9740	24.33	7390	23.89
2009	23550	7.58	11491	17.98	8894	20.35
2010	25707	9.16	13419	16.78	10558	18.71
2011	28391	10.44	16895	25.9	12765	20.9

资料来源：《中国人口统计年鉴2011年》，中国统计出版社。

通过表5-3，可以直观地看到，随着城镇企业基本养老保险的覆盖面不断扩大，基金收入一直在增加，与此同时，基金支出总体上没有基金收入增长的快。这主要是因为企业基本养老保险一直是在混账运行，统筹账户里的结余貌似在增长，但个人账户是在空账运行，统筹账户挤占个人账户里的钱，随着人口老龄化在以递增的速度在增长，这将会对企业养老保险的资金缺口产生更大的影响。缴费的人数少了，领取养老金的人数增加了，缺口会越来越大。

5.3.2 机关事业单位的养老保险支出情况

机关事业单位的养老保险是财政全部负责，以现在的情况，中国每年会新增100万公务员，随着人口老龄化的加速度发展，这些人也会最终由财政来负担养老金支出。

表5-4 历年全国基本养老保险基金收支及累积结余 单位：亿元

指标\年份	2000	2001	2002	2003	2004	2005	2006	2007	2008	2009
基金收入	2278.1	2489.0	3171.5	3680.0	4258.4	5093.3	6309.7	7834.2	9740.2	11490.8
企业	2088.3	2235.1	2783.6	3209.4	3728.5	4491.7	5632.5	7010.6	8800.1	10420.6
事业、机关	189.8	253.0	387.8	470.6	529.9	601.6	677.2	823.6	940.1	1070.3

续表

指标\年份	2000	2001	2002	2003	2004	2005	2006	2007	2008	2009
基金支出	2115.5	2321.3	2842.9	3122.1	3502.1	4040.3	4896.7	5964.9	7389.6	8894.4
企业	1970.0	2116.5	2502.8	2716.2	3031.2	3495.3	4287.3	5153.6	6507.6	7886.6
事业、机关	145.4	204.4	340.1	405.9	470.9	545.0	609.4	811.3	882.0	1007.8
累计结余	947.1	1054.1	1608.0	2206.5	2975.0	4041.0	5488.9	7391.4	9931.0	12526.1
企业	761.0	818.6	1243.5	1764.8	2499.3	3506.7	4869.1	6758.2	9241.0	11774.3
事业、机关	186.1	233.2	364.5	441.7	475.7	534.3	619.8	633.2	690.0	751.8

资料来源：《中国人口统计年鉴2010年》，中国统计出版社。

通过表5-4，可以直观地看到企业的基金收入和支出规模都比机关事业单位的要大一些，这一方面是因为企业的职工人数多，另一方面也是因为企业的养老保险中有企业缴费部分和个人缴费部分，而机关事业单位是由财政负全责。通过表5-4可以看到，机关事业单位的养老金支出的增长速度很快，10年的时间从145.4亿元增长到了1007.8亿元。

表5-5 历年全国参加基本养老保险职工及离退休人员人数

单位：万人

年份	职工			离退休人员		
	合计	企业	事业、机关	合计	企业	事业、机关
1998	8475.8	8475.8	—	2727.3	2727.3	—
1999	9501.8	8859.2	642.6	2983.6	2947.5	36.1
2000	10447.5	9469.9	977.6	3169.9	3016.5	153.4
2001	10801.9	9733.0	1068.9	3380.6	3171.3	209.3
2002	11128.8	9929.4	1199.4	3607.8	3349.2	258.6
2003	11646.5	10324.5	1322	3860.1	3556.0	303.3
2004	12250.3	10903.9	1346.4	4102.6	3775.0	327.6
2005	13120.4	11710.6	1409.8	4367.5	4005.2	362.3

续表

年份	职工			离退休人员		
	合计	企业	事业、机关	合计	企业	事业、机关
2006	14130.9	12618.0	1512.9	4635.4	4238.6	396.8
2007	15183.2	13690.6	1492.6	4953.7	4544.0	409.7
2008	16587.5	15083.4	1504.1	5303.6	4868.0	435.6
2009	17743.0	16219.0	1524	5806.9	5348.0	458.9

资料来源：《中国财政年鉴2010年》，中国财政经济出版社。
注：表中职工人数包括在岗职工和离岗职工。

通过表5-5可以看出，虽然全国参加基本养老保险的职工人数在增长，由于人口老龄化，离退休人员是以更快的速度在增长，尤其是到了最近几年，退休人数接近职工人数的1/3，而职工人数是包括在岗职工和离岗职工的，实际上这个比例是要更高一些的。

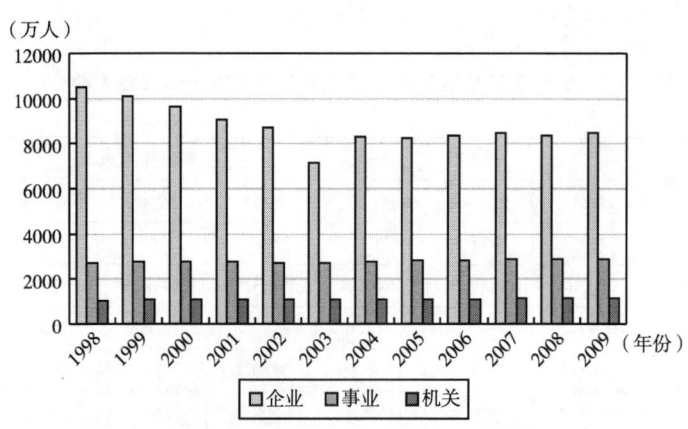

图5.3　1998~2009年分企业、事业、机关职工人数

资料来源：《中国财政年鉴2010年》，中国财政经济出版社。

通过图5.3可以看出，在中国的劳动力大军中，企业职工人数占据绝大多数，而机关事业单位仅是少数，人口老龄化是所有单位都不可避免的问题,势必会给财政支出带来较大的压力。

截至 2016 年,我国 60 岁以上的老年人达 2.31 亿人,占总人口的 16.7%。据 world population prospects 预测,到 2050 年,中国老年人口将达到 4.79 亿,占中国总体人口的 35.10%,几乎占全球老年人口的四分之一。我国 65 岁以上人口占比已从 2013 年的 9.7% 上升至 10.8%,我国目前面临全球规模最大、速度最快、持续时间最长的人口老龄化问题,至 2040 年中国 65 岁以上人口占比将超过美国。同时,老年抚养比逐年上升,从 2013 年的 13.10% 增加至 2016 年的 14.96%,2016 年老年抚养比较 2015 年增长 0.63 个百分点,平均每 100 名劳动年龄人口要抚养近 15 位老人,社会养老压力进一步加大,老龄化程度的加深将进一步扩大社会养老需求。据预测,到 2049 年时,我国老年人口比重将高达 33.9%,也就意味着到时每三个人中就有一个老年人,面对规模如此巨大的银发社会,以及随之而来的养老金缺口,很多人已经开始考虑未雨绸缪。

社会养老保险收支压力逐年上升。2013 至 2016 年,全国养老金收入及支出金额保持较平稳增长,2016 年养老金收入 3.80 万亿元,同比增长 18.0%;支出 3.4 万亿元,同比增长 21.75%,支出增速连续超过收入增速。收支差方面,2013~2016 年全国养老金基本处于盈余状态,但收支差额逐年降低。其中,2016 年收支盈余额 3986.50 亿元,环比下降 6.6%,可以看出,随着人口老龄化加剧,养老保险收支压力问题正在显现。

5.4 积极应对人口老龄化

到现在为止,我国政府已经正式将城镇居民养老保险和农村居民养老保险合并,事业单位养老保险也已经开始,但相关数据现在还不能得到,所有的制度推进都有一个过程。现在人们在人口老龄化会对一国的养老保险制度产生影响是达成共识的。我国的养老保险制度经过几十年的发展,确实取得了巨大的成就。企业职工的养老保障由单位保障变为了社会保障,养老保险当中的责任主体由过去的单位负责变为了现在的国家、企业和个人共同承担,养老意识正在全社会普及。现在的养老保险体系覆盖范围正在逐年扩大,这都是养老保险制度改革以后取得的成就,但还有问题依然存在。人口老龄化已经改变了现在的人口年龄结构,据国家老龄办网站的官方数据显示、数据统计和专家预测,到2025年,我国60岁以上的老年人口数量将突破3亿人,占人口总数的21.4%,到2053年,我国60岁以上的老年人口数量将达到4.87亿人,占比将为34.8%。老龄化将给养老保险制度带来一系列的影响。

5.4.1 人口老龄对现行养老保险制度的影响

随着人口老龄化程度的不断加深,我国的人口年龄结构将发生改变,继而影响到经济社会发展。

首先,人口老龄化将减少劳动力队伍数量,经济增长乏力。我国改革开放以来取得的巨大成就,很大一部分原因得益于新中国成立后几次的人口出生潮,劳动力队伍数量充足,人口红利为改革开放后的经济建设贡献力量。但随着人口老龄化程度的不断深化,直接的结果就是劳动力队伍数量会锐减,经济发展缺乏必备的劳动力因素,势必会增长乏力。这对经济发展会带来很大的影响,劳动力数量减少,劳动力价格肯定会上涨,国际社会上的本国产品竞争力会下降,影响一国的国际竞争力和经济的持续发展能力。

其次,人口老龄化将减少养老保险的收入,增加养老保险支出,养老保险支付压力增加。虽然在2014年2月人社部的新闻发布会上明确表示我国养老金目前不存在资金缺口,但通过

第5章 中国养老保险支出的财政风险诱因之一：老龄化

分析社会保障基金的决算表，可以看出，2013年企业职工养老保险基金收入15501亿元，支出16460亿元，财政补贴2669亿元才有基金结余，不考虑财政补贴的话，养老保险基金已经出现缺口。

计划生育政策使得人口的出生率下降，人口老龄化使得高龄人口增加，两者直接导致的后果就是适龄劳动人口数量减少。劳动人口减少，缴纳养老保险的人就减少，老龄人口数量增加，需要领取养老保险的人数在增加，所以养老保险基金的收入在减少，支出在增加，直接就会给养老保险基金带来支付的压力。

再次，养老保险支出占财政支出比重持续上升，财政风险加大。人口老龄化导致养老保险基金压力很大，而在养老保险制度设计中，财政是最后的兜底人角色。虽然现在财政支出中用于养老保险的比重并不是很大，主要是通过财政补贴等来体现，但随着人口老龄化程度的不断加深，养老保险基金的缺口会越来越大，财政如果持续为养老保险兜底，势必会给财政支出带来很大的压力，甚至导致财政风险。欧债危机中，希腊就是典型的福利国家，高福利给国家财政带来了巨大的风险。此外，很多欧美国家的经济数据也都表现出了，养老支出占一国GDP的比重是伴随人口老龄化而持续增长的。

最后，人口老龄化将对我国的养老模式和产业结构产生深远影响。计划生育政策的实施使得我国的家庭结构发生改变，更多的是4-2-1式的核心家庭，现在不论是在城镇还是在农村，空巢家庭越来越多，据调查目前在我国的老年人中，空巢率已经达到50.0%，这就意味着有一半的老人身边无子女照料。以前"养儿防老"的养老方式已经不再适合现在。我国的养老模式正在发生改变，各种养老院不断出现。但中国人根深蒂固地认为还是自己家最好，所以居家养老还是最适合的，这就对社区和住宅小区都提出了更多的要求。现代社会，四世同堂的情况越来越少见了，独居的老人越来越多了。随着经济增长放缓，我国未来的经济拉动将有很大程度上是依赖于和老人有关的第三产业服务业上，这也对我国的产业结构提出了新的要求。

5.4.2 应对人口老龄化的建议

针对人口老龄对现行养老保险制度的上述影响，可以从以下几个方面来应对：

第一，扩大养老保险覆盖范围，降低政府在养老保险中的财政支出比重。2014年2月7日，国务院决定将新型农村养老保险和城镇居民社会养老保险进行合并，成为全国统一的城乡居民养老保险制度。由于新型农村养老保险2009年才建立，建立时间短，而城镇居民养老保险是2011年才建，并且是在参照新农保的条款基础上建立起来的，两者待遇水平相当，所以合并很顺利。机关事业单位养老保险制度和城镇企业养老保险制度合并也在进行中了，现在就是农民工等灵活就业人员的养老保险制度执行起来还有难度。在人口老龄化的大背景下，要尽可能地将一切适龄劳动人口纳入养老保险体系范围内，才能让制度自身的抗风险能力增强，减少对政府的依赖。可以适当减少政府在养老保险体系中的缴纳比例，让企业和个人承担更多的养老责任，降低政府在养老保险中的财政责任。经过几年的运行，养老金的缴纳和支付状况都良好，截止到2018年底，甚至有高达4.2万亿元的资金结余，其中2018年当年新增结余8000亿元，这和养老保险的扩大覆盖面工作密不可分。

第二，建立多支柱的养老保险体系，鼓励发展企业年金、职业年金和商业养老保险。世界上很多发达国家都经历了人口老龄化对养老保险体系带来的冲击，大多数国家都是通过建立多支柱养老保险体系来应对。按照"国民年金+企业年金+商业养老保险"的模式来强调个人的权利和义务在养老保险中的关系。除了基本养老保险外，鼓励企业发展企业年金和职业年

第5章 中国养老保险支出的财政风险诱因之一：老龄化

金，这都是补充养老保险，根据企业的发展状况，在基本养老保险之外额外给员工提供的补充养老保险，用以提高员工的退休生活水平。这个方法看似完美，但现有的基本养老保险已经给企业带来了不小的缴纳负担，再额外缴纳补充养老保险，除了效益特别好的单位之外，很少有企业会主动为员工缴纳补充养老保险。这就需要国家在政策层面给缴纳补充养老保险的企业提供一些税收优惠或财政补贴，来给予政策扶持。我国已经在个人所得税上给予实行了企业年金和职业年金的个人所得税实行了递延纳税的税收支出，今后还应该在更多税种给予更多税收优惠，来鼓励企业发展第二支柱的养老保险制度。商业养老保险可以称为是第三支柱的养老保险。商业养老保险也是遵循了大数法则和概率来进行风险共担的商业行为，只在参保人群中实行的互济行为。商业保险公司对保费进行投资运营，来为达到领取条件的参保人提供养老服务。在商业养老保险过程中，权利和义务是绝对对等的，只有参加了养老保险的人才可以享受养老保险，其他人是被排除在外的。通过三支柱的养老保险体系，可以保证公民在年老之后依然可以有尊严的生活。

第三，多种手段缓解人口老龄化程度，提高人口出生率。随着经济发展水平的不断提高，老年人口的高龄化，新生人口的低出生率，使得人口年龄结构中老年人口占比越来越大。为了直接缓解人口老龄化，最有效的方法就是增加人口中新生儿数量，这样就可以直接降低老年人口的占比。但由于我国实行了多年的人口计划生育政策，"一孩制"已经成为常态，尽管现在已经实行了全面二孩，但因为竞争压力较大，孩子的抚养成本过高，不论从经济上还是从精力上，抚养一个孩子的成本都是惊人的，所以尽管政策上已经放开，但人们的生育意愿还是较低的。全面二孩政策放开，包括之前的单独二孩政策，新生儿数量都远远没有达到政策制定者的预期。在这种状况下，可以学习发达国家的经验，给予生育财政补贴，以冲减高昂的抚养成本；完善社会公共服务中有关婴幼儿的娱乐、育儿设施。提高育龄妇女的生育意愿，可以通过降低生育成本、养育成本来刺激生育意愿，按照人头进行财政补贴，还可以通过增加产假天数，给新爸爸们也放带薪产假等措施来刺激生育意愿。完善社会公共服务，可以在公共场所中提供更多的保育室，可以增加少儿的活动设施，可以增设面向小朋友的各种博物馆、体育场馆，免费开放。只有全方位的社会关怀，才能让孩子的社会抚养成本降低，才能让适龄女性有更多的生育意愿，提高社会出生率，也才可以有效降低老龄化水平。

第四，增加第三产业中和养老服务相关的配套服务和设施建设。随着空巢家庭的不断增多，银发浪潮带来的银发产业也应该快速发展。根据全国老龄委办的最新数据，未来20年间我国老年人口将以平均每年1000万的数量快速增长，到2050年左右将达到全国人口的三分之一。这个数字是相当惊人的，那也就意味着不论从消费者人群还是供给方人群，老年人都将占据相当大的比重。我国的老龄化是未富先老的老龄化，我国的老龄化也是低龄老人为主的老龄化，据统计局有关统计数据显示，我国60~64岁的老人占据了总数的三分之一，65~69岁之间的占23%，也就是说虽然从年龄划分上进入老龄化，但老人的身体状况和智力水平依然还可以继续留在劳动力队伍中，尽管如此，数量众多的老人还是对养老产业提出了更多的需求。一方面，对养老服务产业的需求呈现"井喷式"增长，尤其是一些失能老人和高龄老人，对养老需求及其迫切。而现状是我国的公立养老服务机构和护理人员缺乏，老人"一床难求"，私立养老机构空置率很高，很多都赔本支撑。暴露出了目前我国养老服务总量不足和地区结构不合理的现实。另一方面，老年人作为高危群体，是最需要保险来保护的，但现在的保险公司基本都将60岁以上的老人排除在外，完善相关保险条例很有必要。只要有相关保险来保驾护航，就可以推广居家养老和社区养老。可以结合现在已经颁布的相关条例来引导保险公司，鼓励开发养老服务业商业保险产品。可以从护理保险、健康保险、意外伤害险等角度进行研究，给予保险公司一些政策优惠，引导相关险种的研发和投入。银发产业的发展，对我国第三产业而言既是挑战也是机遇，如果能够及时调整供给方向，将养老服务社会化，会给我国的第三产业引入新的血液。

第五，合理确定政府和市场在养老保险市场中的作用。政府在公共养老保险制度中主要承担着制度设计、财政支持和监督管理等方面的作用。各国的公共养老保险制度都是由政府来设计、提供，而在养老保险制度的运行过程中，绝大多数国家都是对养老保险提供一定的财政支持，或者是直接财政兜底，或者是通过财政补贴和税收支出来进行支持，仅有极其少数的国家是完全交给市场的。即便如此，在制度进行转轨过程中产生的转轨成本都是由政府通过种种方式来消化的，而我国到目前为止，巨大的转轨成本并没有明确的消化方式和途径。政府的监督管理作用则主要体现在各实体单位是否按照相关法律法规来执行养老保险制度规定。政府在养老保险中的作用范围取决于，政府和市场谁在养老保险中更有效率就由谁来发挥作用。正像市场存在失灵一样，政府干预也存在失灵，那究竟政府在养老保险中介入干预的"度"该是多少呢？政府只应该在政策制定、进度管理等方面干预，对于市场可以有效发挥作用的地方，就交给市场来做。比如多支柱的养老保险体系，政府只要在公共养老金方面进行在制度设计，第二支柱和第三支柱的补充养老保险就交给市场来做，让一些效益好的企业多为职工谋福利，让一些收入高的职工多为自己的养老做准备，这都是市场可以自发调节的。还有在社保基金的运营上，我国政府目前还管得比较紧，主要是基于养老保险是老百姓的养老钱，对安全性要求比较高，所以投资的领域限制比较死，可以通过借鉴国际上养老基金市场化发展比较好的经验来扩大我国养老保险基金的保值增值能力。

第六，为缓解本国劳动力不足的问题，多种措施吸引外来的人才。随着人口老龄化的程度不断加深，我国的人口红利几乎释放殆尽，适龄劳动力在"长三角""珠三角"纷纷告急，这些信息都告诉我们，我国的劳动力不足，这也可以从劳动者工资上看出来。沿海地区的工资上涨很快依然招不够自己需要的劳动力，我国的很多问题都是最早从沿海体现，再慢慢在内陆地区显现。为缓解本国劳动力不足的问题，多种措施吸引外来的人才。首先，缩短技术移民的审核流程和审核时间。其次，给予技术移民同等国民待遇，可以纳入社会保险。再次，在配偶工作、子女入学方面给予政策倾斜。最后，待遇水平上可以给予一定程度的税收优惠。对于国内紧缺人才，可以直接提供税后工资，通过提高薪酬吸引紧缺人才。

结合前面的分析可知，我国是在家庭养老功能弱化、经济水平有限、社会保险机制尚不健全的情况下进入的老龄化社会。人口老龄化将对我国的养老保险制度产生重大影响。一方面，快速老龄化使得老年人口数量迅速增加。据有关研究显示，从2011年到2050年，我国老年人口数量将增加160.7%，而劳动年龄人口数量将减少24.2%，相应的老年人口抚养比由19.7%变为67.8%，养老负担日益沉重。另一方面，老年人口数量的持续上升导致对养老保险的需求直接增加。我国现行的养老保险是统筹账户和个人账户相结合的模式，其中，个人账户是实行基金积累制，而统筹账户是实行现收现付制。统筹账户在个人养老金中占比高，而现收现付制的持续运转需要相应的人口年龄结构与之相匹配，年轻的人口年龄结构更有利于制度的持续运营，而我国日益严重的人口老龄化将对制度的财务可持续性提出很大挑战。据统计数据显示，我国城镇企业职工基本养老保险的领取人数和现期缴费人数的比重也在连年提高，1989年这个数字为18.5%，而到了2011年则变为了31.6%。养老

第5章 中国养老保险支出的财政风险诱因之一：老龄化

金的领取人数在不断增加，缴费人数在不断减少。而由于制度的转轨等历史因素，我国的统筹账户一直在挤占、挪用个人账户里的钱，统筹账户本身的运行已经捉肘见襟，再加上人口老龄化的雪上加霜，使得制度的财务可持续性更加脆弱。到了最后还是得由财政来承担兜底责任，从而加大财政风险的概率。但通过扩大养老保险覆盖范围、建立多支柱的养老保险体系、提高人口出生率、增加第三产业中和养老服务相关的配套服务和设施建设、合理确定政府和市场在养老保险市场中的作用、为缓解本国劳动力不足的问题，多种措施吸引外来的人才等多种措施共同发力，可以有效缓解养老保险的支付压力，降低养老保险引发财政风险的概率。

第6章

中国养老保险支出的财政风险诱因之二：城镇化

诺贝尔经济学奖获得者斯蒂格利茨曾说过，21世纪在世界上最具影响力的事件有两件：一件是改变了整个世界劳动生产率的美国高科技，另外一件就是将会彻底改变中国面貌的城市化。改革开放以来，中国的经济发生了令世界瞩目的成就。经济总产值由改革开放初的3524.1亿元攀升到2011年的397983亿元，一跃成为世界第二大经济体。当前我们的国家正在进入全面的社会转型时期，即：从传统的农业国家向工业化、城市化和现代化国家的转型，其中城市化是转型的核心和关键。据此，认识城市化的本质，结合中国实际推进新型城市化道路具有特别重要的意义。据国家统计局资料显示，2011年中国的城镇人口数量为69079万人，乡村人口数量为65656万人，中国的城市化水平达到51.27%。

6.1 城镇化的内涵及发展现状

6.1.1 城镇化的内涵

关于城镇化的内涵，目前理论界的认识尚未达成统一，归

第 6 章　中国养老保险支出的财政风险诱因之二：城镇化

纳起来主要有以下几种说法：

王梦奎等（2004）认为，城镇化主要伴随工业化的进程而发展，随着工业化的发展以及生产过程中分工的日益细化，需要更多的人参与到生产过程中，于是有越来越多的人涌入城市，在市场机制的作用下，大小城市和城镇共同发展，逐步完善城镇的功能分区和基础功能，最终会形成总人口中城镇人口所占比重不断上升，生活习惯不断改善，生活质量日益上升，产业结构日益优化，城乡差距日益缩小的过程。[1]

人民大学博士生导师叶裕民（2007）认为：城市化是指一个国家或地区的经济结构发生根本性改变的过程，由传统的自然经济向现代市场经济转化的过程，从而使一个国家的经济结构顺应历史发展潮流，农村人口日益减少，城市人口日益增加，社会生产率提高，从而在国际社会中谋求更大的发展空间。

牛文元（2009）认为：城市化是指一个国家的主导产业从农业转变为工业和第三产业的过程。城市化，也有的学者称为城镇化、都市化。城市不仅是积聚财富和信息能量，聚居人力资本的聚合中心；同时又是不断扩散能量和信息，带动周围广大腹地发展的裂变中心。在以农业为主导产业的发展阶段，农业居于一个国家发展的基础地位，绝大多数劳动力分布在农业部门和领域，在以第二、第三产业为主导产业的发展阶段，劳动力更多地分布在城市。[2]

住房和城乡建设部副部长仇保兴（2012）认为：城镇化过程实质是人类生产活动和生活活动在区域上的集聚，不再像农业社会那么分散，是现代化过程在生产和生活中的主要表现形式。这一共识性认识的初步形成，源于 1960 年箱根会议为现代

---

[1] 王梦奎、冯并、谢伏瞻：《中国特色城镇化道路》，中国发展出版社 2004 年版。

[2] 牛文元：《中国新型城市化报告 2009》，科学出版社 2009 年版。

化定义的八条标准,其中之一就是城镇化(有的书刊翻译为城市化,其实"城镇化"和"城市化"在英文中是一个词 Urbanization,在日本和我国台湾又译成"都市化")。①

清华大学博士生导师顾朝林(2012)认为:城市化是人类生产与生活方式从以农村型为主过渡到以城市型为主的转化过程,主要表现为农村人口不断减少而城市人口不断增加的过程。从本质上讲,城市化是资源在产业和地域上的重新配置,农村剩余劳动力从农业转移到非农产业以及从农村转移到城市,城市的基础设施不断完善的过程。

综合以上观点可以看出,所谓城镇化,就是指人口从农村迁移到城镇以及城乡居民生活质量不断提高的过程,通常都是和一个国家的工业化相伴随而发生。衡量城镇化水平的常用指标是城镇化率。城镇化率又称为城市化率、城市化水平、城市化度、城市化指标,是一个国家或地区经济发展的重要标志,也是衡量一个国家或地区社会组织程度和管理水平的重要标志。城镇化率通常用市人口和镇人口占全部人口的百分比来表示,这里的人口统计数据是常住人口而非户籍人口。据中国统计局资料显示,2017 年中国的城镇常住人口数量为 81347 万人,乡村常住人口数量为 57661 万人,中国城市化水平达到 58.52%。

6.1.2 城镇化的特征

通过梳理城镇化的内涵,我们可以发现城镇化具有以下四个基本特征:

(1)和工业化相伴而生。

城镇化可以说是近代工业化的产物。工业的发展需要一系列的辅助条件,需要原材料、劳动力以及必不可少的城市基础设施,而这一切都只有城市能提供。历史上有很多城市由于某

---

① 仇保兴:《城镇化与城乡统筹发展》,中国城市出版社 2012 年版。

第6章 中国养老保险支出的财政风险诱因之二：城镇化

一方面的资源丰富而迅速发展起来的例子不胜枚举。英国北部由于丰富的煤炭资源成为工业发展的中心，曼彻斯特、利物浦等城市成为工业革命的发源地。德国鲁尔区新城镇的出现也源于工业化过程中煤和铁矿石的需要[①]。20世纪60年代，日本处于重工业的鼎盛时期，东京、大阪、名古屋、福冈即所谓的"四大城市圈"仅占国土面积的12%，却占了日本工业生产总值的70%。[②] 工业化要求城市化，同时城市化又为工业化提供了丰富的劳动力资源，规模经济和规模效益进一步强化了城市的积聚作用。近年来随着全球经济一体化和竞争的加剧，工业化和城市化相伴而生的特点更加明显。

（2）城乡人口比重增大。

城市化是城市人口比重不断提高的过程，大批农村人口进入城市，城市数量不断增加、规模不断扩大，一定时期内人口总数是一定的，城市人口数量增加，相应的农村人口数量就减少，城乡人口比重增大。城市化不仅仅是农村人口涌入城市，而且是农村人口可以融入城市生活，从生产方式到生活习惯都不断城乡一体化的过程。

（3）产业结构不断调整。

随着城市化的不断推进，从事第一产业的人数不断减少，转而从事现代高效的第二、第三产业，产业结构不断升级转换。第二、第三产业的生产效率远远高于第一产业，所以产业机构升级的过程也是生产率不断提升的过程。城市化的过程也是一个国家财富创造能力不断提升的过程。

（4）消费水平不断提高。

随着产业结构的升级，大部分国民从事着先进的产业活动，

[①] 仇保兴：《城镇化与城乡统筹发展》，中国城市出版社2012年版。

[②] 中国国家发展计划委员会地区经济司：《城镇化：中国现代化的主旋律》，湖南人民出版社2001年版。

收入水平会不断提高,同时,城市是高消费群体积聚的场所,城市的生活成本要远高于农村,人们的生活方式、价值观念都会发生改变,消费范围会扩大,消费档次会提高。① 因此,城镇化过程是一个市场不断扩大的过程。

6.1.3 城镇化的发展模式

按照城市化在现代的发展过程中和工业化水平的关系,同时这也是世界上其他国家已经发生过的历史可以将城市化分为以下四种模式:

(1)同步城市化(Synchrourbanization)。

这也是城市化发展的一种理想的模式。城市化进程水平和工业化水平呈现一种显著地正相关关系,城市化水平和工业化水平两条曲线几乎是呈平行上升状态。工业化是基础,带动城市化的发展;城市化是工业化进一步发展的助力,二者相互促进,共同发展。

(2)过度城市化(Overurbanization),也称超前城市化。

在一些发展中国家,城市化速度快于工业化速度,甚至是工业没有发展,单纯依靠大量农村人口涌入城市,消费性服务业增加较快,但随之带来一系列的城市病:住房紧张、交通拥挤、就业困难等等。拉美国家就是比较典型的过度城市化。

(3)滞后城市化(Underurbanization)。

工业化水平要高于城市化水平,显得城市化水平不够从而阻碍了工业的进一步发展。中国在改革开放前就是典型的滞后城市化,新中国成立后中国政府优先发展工业尤其是重工业的发展战略,让中国的工业发展水平提高很快。但政府通过户籍制度限制等等措施,人为地将公民分为城市人和农村人,限制城乡人口自由流动,城市化水平不高,和工业化水平不相匹配,

---

① 叶裕民:《中国城市化与可持续发展》,科学出版社2007年版。

阻碍了工业化的进一步发展。

（4）逆城市化（Counterurbanization）。

这是城市化发展到一定水平之后，大城市的人口开始向中小城市迁移的过程，这种情况主要发生在发达国家经历过高度城市化之后发生的。人们为了避开大城市的拥挤、嘈杂而选择竞争相对小一点的中小城市发展，这种情况在部分发展中国家也出现过。

6.1.4 中国城镇化的发展现状

1949年新中国成立时，中国的城市化率仅为10.60%，城市总数是136座；1978年改革开放时，城市化率是17.92%，城市总数是193座；但到2009年，中国城市化率已达46.59%，城市总数已达655座。①

中国城镇化持续快速发展。中国在改革开放之后，城镇化率一直在以每年不超过1%的增长速度在增长，但到了1996年，城镇化率达到30%，城镇化就开始加速，每年的增长水平基本都在1%以上。按照经济学规律，当人均GDP达到1000美元、城镇化率达到30%时，城镇化开始加速发展，中国的发展实践正好印证了这条规律。通过表6-1，可以看到中国改革开放以来的城镇化发展历程。2011年的城镇化率达到了51.27%，中国的城镇常住人口首次超过农村。

表6-1　1978~2011年我国城镇化水平及增长值

年份	城镇化水平（%）	增长值（%）	年份	城镇化水平（%）	增长值（%）
1978	17.92	0.37	1995	29.04	0.53
1979	18.96	1.04	1996	30.48	1.44

---

① 郑秉文：《拉丁美洲城市化：经验与教训》，当代世界出版社2011年版。

续表

年份	城镇化水平（%）	增长值（%）	年份	城镇化水平（%）	增长值（%）
1980	19.39	0.43	1997	31.91	1.43
1981	20.16	0.77	1998	33.35	1.44
1982	21.13	0.97	1999	34.78	1.43
1983	21.62	0.49	2000	36.22	1.44
1984	23.01	1.39	2001	37.66	1.44
1985	23.71	0.70	2002	39.09	1.43
1986	24.52	0.81	2003	40.53	1.44
1987	25.32	0.80	2004	41.76	1.23
1988	25.81	0.49	2005	42.99	1.23
1989	26.21	0.40	2006	43.90	0.91
1990	26.41	0.20	2007	44.94	1.04
1991	26.94	0.53	2008	45.68	0.74
1992	27.46	0.52	2009	46.59	0.91
1993	27.99	0.53	2010	49.68	3.09
1994	28.51	0.52	2011	51.27	1.59

资料来源：《中国统计年鉴》历年数据。

中央农村工作领导小组副组长、办公室主任陈锡文认为，中国城镇化之所以能以如此快的速度增长，主要是因为中国的城镇化的成本低廉，包括土地由农业用地转化为非农用地的费用低廉、劳动力成本廉价、城市的基础设施和基本的公共服务缺位等方面。截止到2011年底，中国的农业户籍人口为9亿3500万，也就是说，51.27%的城镇化率是以常住人口为分子的，如果以户籍人口来算的话，现在还有1/3的城镇常住人口还有一个要变为城镇人的过程。

农村人口转化为城镇居民，表面上是户籍问题，实质上还是依附在城乡户籍上的不同的社会福利保障水平，应该从制度上逐步推动公共服务由户籍人口向常住人口扩展。从长远看，只有从公共福利上保证城乡的待遇相均衡，才能真正做到城乡一体化，包括在孩子接受教育、公共卫生服务、住房保障服务、就业培训服务、社会保障服务等诸多方面。只有在上述公共产品的供给实现均等化才能建成合格的城市。

虽然中国的城市化取得了一定的成绩，但还存在不少问题。不能光看数量，还要从质量上提升。城市化带来了产业结构的升级，第一产业的从业人数减少，对于中国这样一个人口大国，粮食安全始终都要注意。2012年中国粮食的自给率总体水平不到90%，很多事关民生的基本粮食作物都需要进口，这是值得警醒的问题；中国城市化发展的不平衡。不仅不同省份的城市化水平不一样，就连同一省份内不同地方的城镇化率也不一样。特大型、大城市发展较快，中等城市、小城市发展较慢；城市化和工业化水平不相适应，城市化水平滞后于工业化水平继而制约了经济的发展；城乡统一过程中，社会保障尤其是养老保险制度的完善程度，直接关系到城市化是否能可持续发展。

针对出现的问题，理论界现在经常提到的就是不要盲目城市化，而要构建新型城市化。所谓新型城市化就是紧密结合中国实际，以城带乡、产城互动、集约节约、生态环保、协调发展的城镇化。新型城镇化的核心在于不以牺牲农业和粮食、生态和环境为代价，着眼农民，涵盖农村，实现城乡基础设施一体化和公共服务均等化，促进经济社会发展，实现共同富裕。

6.2 城市化的国际比较及对中国防范养老财政风险的借鉴

目前，世界城市化水平已经超过50%，有一半以上的人口都居住在城市中。世界各国城市化的发展和各自的经济政治体制、生产力发展水平、人口年龄结构等密切相关，按照国家经济发展水平的不同，可以将城市化分为发达国家的城市化和发展中国家的城市化；按照城市化过程中，市场和政府所起的作用不同，可以将城市化分为以西欧、日本为代表的政策引导型城镇化、以美国为代表的自由发展型城镇化和以拉美为代表的被迫接受型城镇化。不同国家的城镇化发展过程中，发生过不同的经验和教训，这些都是值得其他国家借鉴的。

6.2.1 政策引导型城镇化

在西欧、日本等经济发展水平比较高的市场经济国家，市场在其中起基础性作用，政府的宏观调控政策起辅助性作用，引导市场经济的发展。政策引导型城镇化多发生在发达国家中，工业化水平发展程度高，工业化和城镇化互相促进，协调发展，属于同步型城镇化。

工业革命前，西欧大多数国家的城镇化水平并不高，发展速度也比较缓慢。从18世纪进入蒸汽动力时代以后，生产效率极大地提升，工业化速度明显提高，城镇化也进入了快速发展期。1851年英国的城镇化率超过了50%，德国、法国的城镇化率在19世纪也都超过了50%。

日本的城镇化虽然发展得比较晚，但由于其通过购买技术等手段，使得其工业化水平发展得很快，城市化水平也随之发展。1890年之后，日本的城镇化基本进入了稳定发展时期。从1920年到1940年，城镇化率由18%增加到了37.7%，超过30%之后就进入了快速发展阶段。到1970年，日本的城镇化率已经达到72%。

政策引导型城镇化属于同步型城镇化，和工业化水平相互促进，也是世界上发生的比较早，所以很多问题也是最早发生，像城市拥挤、疾病流行、公共服务缺位等一些城市病都在这些国家中出现，但由于政府适时的出台了相关法律法案，对城镇化出现的问题进行了治理,并对后面的发展进行了强制性规定和规划引导。可以说,在整个城镇化发展过程中,政府的政策引导起了关键性作用。

6.2.2 自由发展型城镇化

美国是自由发展型城镇化的典型代表,美国的联邦政治体制决定了中央政府的调控手段和调控力度有限,地方政府又出于自身利益考虑,导致美国的城镇化是以资本为导向的,自由放任式的城镇化。

美国在工业革命之前的农业经济社会,城市化水平也会是长期处于低水平,从 1700 年到 1890 年,长达近 200 年的时间,美国的城镇化率仅从 7% 发展到 35.1%。19 世纪末,美国的工业化迅猛发展,城镇化也随之进入快速发展阶段。1920 年,美国的城镇化率达到 51%,1970 年已经发展到 73.5%,1990 年的城镇化率发展到 75.2%。

美国的城镇化发展是政府任由其自由发展的,只要市场需要就按照市场需求推进,也带来了一系列的问题。美国的工业化迅速发展的同时,城市的交通拥堵、环境恶化,很多家庭选择了远离城市,导致美国的郊区化现象很普遍。郊区化就会导致土地资源浪费,管理成本很高,资源消耗很大,生态环境破坏严重。美国政府为此付出了沉重的代价,包括在社会保障制度方面尤其是养老保险方面的改革。

6.2.3 被迫接受型城镇化

拉美地区是被迫接受型城镇化的典型代表,拉美地区的城市体系是在殖民统治时期建立的,外来资本主导下的工业化和落后的传统农业经济并存,工业发展远远落后于城镇化,政府宏观调控效果不大。

拉美地区当时建立城市就是为了宗主国能更好地控制殖民

地而建的,所以拉美的城市建设完全套用了宗主国的发展模式。常常是将城市分为两个区,一个是"欧洲"城市,一个是当地城市。19世纪后期,拉美地区主要依靠初级产品的出口,为其宗主国提供工业原材料,大量农村人口涌向大城市,欧洲移民也进入大城市,大城市的人口增加的非常快。拉美城镇化速度很快,1990年拉美和加勒比海地区的平均城镇化率高达71.4%,与当时西方发达国家的城镇化水平相当。

拉美地区的城镇化发展不是依靠工业化和经济发展,而是人口的过度膨胀,属于城市化水平超过工业化水平的过度城镇化。并且大城市的规模极大,而城市基本的公共基础设施缺位,城市环境极度恶化,贫民窟数量猛增。

6.2.4 经验与教训

任何事物的发展都没有一成不变的固定模式,城镇化也不例外。探究国外城镇化发展历程,主要是为了总结经验、吸取教训、少走弯路。影响城镇化发展的因素是多方面的,既包括人口自然环境因素,也包括国际政治经济大环境的影响,中国必须立足国情和时代发展的要求,引导中国城镇化健康发展。

中国的城镇化水平虽然已经超过了50%,但相比发达国家差距还是很大,很多发达国家的城镇化水平都在75%以上。在梳理了国际上很多国家的城镇化发展历史之后,我们必须注意一些问题,比如减少中国出现大量贫民窟的可能性,重点发展一些大型城市,增加人口聚集度,增强经济活力。

(1) 中国大城市人口集聚度不高。

中国虽然优先发展大城市(100万人以上人口为大城市),但相比纽约东京等大城市,中国大城市目前的人口集聚度不高,大城市占中国所有城市的比重为47%,而全球的平均水平为72%。

表 6-2 世界主要城市人口占全国人口比重   %

年份	北京	上海	东京	纽约	首尔
2000	1.07	1.29	27.15	6.32	21.10
2001	1.08	1.26	27.27	6.33	20.87
2002	1.11	1.27	27.39	6.33	20.73
2003	1.13	1.32	27.52	6.34	20.59
2004	1.15	1.34	27.69	6.34	20.48
2005	1.18	1.36	27.88	6.34	20.59
2006	1.20	1.38	28.07	6.33	20.28
2007	1.24	1.41	28.25	6.32	20.16
2008	1.28	1.42	28.44	6.30	19.99
2009	1.32	1.66	28.62	6.29	19.88
2010	1.46	1.72	28.77	6.28	19.78

资料来源：CEIC，海通证券研究所。

（2）中国大城市的 GDP 占全国 GDP 的比重不高。

中国大城市和东京、纽约等国际大都市相比，所创造的 GDP 占全国 GDP 的比重也相对偏低。北京大学的周其仁教授援引调查数据称，日本大东京地区仅占其国土面积的 4%，却集中近 40% 的 GDP；开罗占埃及国土的 0.5%，GDP 则超过全国一半；纽约 780 平方公里的土地创造了全美国 10% 的 GDP，而中国的北京、上海、广州、天津四城市的 GDP 相加也只有全国的一成多。

（3）中国大城市的人口密度不高。

中国大城市的人口密度远低于国际大都市的人口密度。1990 年，纽约的人口密度为每平方公里 886 人，东京为 13158 人，巴黎为 200427 人；1995 年，中国北京的市区人口密度为 5334 人，上海是 4651 人，深圳是 4616 人。中国不仅大城市的人口密度低，而且大城市的数量也不够多。1996 年，世界上超过百万人口的大城市有 326 个，当时中国人口已经超过 12 亿，占世界人口总数的 22% 以上，上百万人口的大城市只有 34 个，不足 11%。① 据《中国城市发展报告》统计，2000 年世界上集中于上百万人口以上城市的人口占全国总人口的比重，世界平均水平是 16.5%，美国是 39%，德国是 41.8%，日本是 37.5%，中国是 11.3%。中国的大城市发展，不论从数量上还是从规模上，都应该重点发展。

（4）中国的社会保障制度发展滞后。

社会保障制度是城镇化快速推进的制度保障。世界上很多国家的城镇化发展历史也表明，社会保障制度完善的国家，城镇化发展需要的时间短，反之则不利于城镇化的发展。② 英国的社会保障制度建立的时间滞后，所以其城镇化发展从 1750 年到 1851 年，一百年的时间，城镇化率从 25% 上升到 50.2%；而德国建立社会保障制度的时间较早，其城镇化发展要快得多，从 1843 年到 1900 年，德国的城镇化率就从 25% 上升到 54.4%，只用了 57 年的时间。

6.3 城镇化对养老保险支出的影响

改革开放以后，中国的城镇化发展速度还是很迅速的，但是根据 1988 年钱纳里的回归模型，当一国的工业化率达到 38% 时，与此相对应的城镇化率应该为 65.8%，城镇化率应该比工业化率高出 27.8%。中国到 2010 年，全国第二产业占国民总收入的比重为 46.52%，而城镇化率为 49.68%。③ 城镇化水平超

---

① 王放：《中国城市化与可持续发展》，科学出版社 2000 年版。
② 黄建军、段习贤："中国城镇化实现机制的缺陷——制度经济学的分析"，《科学经济社会》，2005 年第 2 期。
③ 王静："农村社会保障制度缺失：城镇化发展的深层障碍"，《农村经济》，2007 年第 5 期。

过了工业化水平，但差距还有24.64%才符合回归模型要求，因此要加快城镇化发展。

中国2011年的城镇化率为51.27%，如果按户籍人口计算城镇化率仅为35%左右，而发达国家的平均水平将近80%，按照现代经济发展规律，今后几十年将是中国城镇化率不断提升的过程，每年都会有相当多的农村人口转入城市，这会对中国财政支持养老保险支出带来不小的风险。

（1）城镇人员离退休人员和新型农村养老保险的领取人员的养老金待遇差距大。

表6-3　　　统筹范围退休人员平均退休费　　单位：元/月

年份	合计	企业	机关	事业
2002	627	599	1022	1009
2003	654	621	1069	1059
2004	683	647	1162	1129
2005	737	700	1196	1180
2006	853	818	1294	1262
2007	977	925	1639	1543
2008	1145	1100	1740	1628
2009	1270	1225	1876	1778

资料来源：《中国人力资源和社会保障年鉴2010（工作卷）》，第1110页。

通过表6-3可以看出，城镇离退休人员的平均退休费在连年提高，从2002年的627元涨到了2009年的1270元，这其中机关单位的退休金水平略高于事业单位，机关事业单位的退休金高出企业的退休金不少。而农村养老保险则是经历从无到有的过程，新农保之前财政是单纯政策支持，新农保则是实实在在提供了财政补助，但由于农民缴费水平不高，领取的最低标准基础养老金才55元一个月。

随着城镇化水平的不断提高，越来越多的农村人进入城市，现在的劳动法要求用人单位不论单位性质如何，都要为雇佣者缴纳社会保险。而城乡养老保险的水平差距较大，农村养老金领取人数减少，城镇领取人数增加，势必会给财政带来更大的支付压力。

（2）中国财政支出中用于养老保险的支出比重太低。

表6-4　历年财政支出中用于养老保险支出的比重　单位：亿元,%

年份	财政支出			社会保障总支出	养老补助及支出	养老支出占总支出比重
	全国	中央	地方			
1998	10798.18	3125.60	7672.58	595.63	424.37	3.93
1999	13187.67	4152.33	9035.34	1197.44	1017.56	7.72
2000	15886.50	5519.85	10366.65	1517.57	1304.54	8.21
2001	18902.58	5768.02	13134.56	1987.40	1720.72	9.10
2002	22053.15	6771.70	15281.45	2636.22	2263.25	10.26
2003	24649.95	7420.10	17229.85	2655.91	2157.06	8.75
2004	28486.89	7894.08	20592.81	3116.06	2552.61	8.96
2005	33930.28	8775.97	25154.31	3698.86	2982.47	8.79
2006	40422.73	9991.40	30431.33	4361.78	3454.1	8.54
2007	49781.35	11442.06	38339.29	5447.16	2841.9	5.71
2008	62592.66	13344.17	49248.49	6804.29	3443.37	5.50
2009	76299.93	15255.79	61044.14	7606.68	3869.68	5.07
2010	89874.16	15989.73	73884.43	9081.40	4659.05	5.18

资料来源：《中国统计年鉴》历年数据。

通过表6-4可以看出，中国财政支出中用于社会保障支出的比重都不高，而在2003年的时候，很多发达国家中央财政用于社会保障支出部分占中央财政总支出的比重都已经不低了，如加拿大为39%，日本为37%。随着中国城镇化进程的不断推进，社会保障中用于养老保险的支出会越来越大，这将会是财政支出中的一个风险因子。

6.4 积极应对城镇化过程

6.4.1 城镇化对养老保险的影响

美国学者诺瑟姆认为，如果一个国家或地区的城镇化率大于或等于30%还达不到70%，那该国家或地区就处于城镇化的加速发展阶段。城镇化就是一个人口从农村迁移到城镇的过程，在人口迁移的过程中会产生很多的问题，其中养老保险制度和城镇化进程可以说是相互影响，互相促进。城镇化对养老保险的影响主要体现在以下几方面。

（1）农业人口进城务工，养老保险、户籍和心理都没有归属感。

由于城镇化进程加快，越来越多的青壮年劳动力进入城市打工，但现有的农民工养老保险制度还存在地区差异性，有的地方实行的是农民工综合保险制，有的地方实行的是农民工专项养老保险制度，不能实现跨统筹地区转移等。由于户籍制度的限制，只有拥有住房或有稳定职业才能落户，但对于农民工而言这两项都很难实现，所以不能落户，另一方面，由于农民工多从事的是体力劳动，工资收入不稳定，甚至和农忙时节相适应来打工，季节性、阶段性明显，农民工还是把承包地和住宅作为最主要的生活保障，主观上也不愿放弃农村户口，社会的认同感差。户籍不迁移，在享受一些社会公共服务时，总是不能完全享受到，自我认同感也不强，总觉得自己还不是城里人。心理认同感不强，始终认为最终还是会回到农村养老生活。尽管多项法律法规都明确将农民工纳入城镇养老保险体系，但是仍未出台全国统一的制度规定，各地在操作中主要以城镇职工养老保险制度为参照，导致现有的一些制度与农民工的参保需求不匹配。第一，缴费门槛高。雇用农民工的企业主要是中小企业，利润薄、市场风险大，按城镇职工社会保险的缴费基数和比例为农民工参保，对于农民工和中小企业来说，缴费负担较重，直接降低了其参保积极性。第二，缴费年限过长。多数地方规定农民工在当地的缴费年限不低于15年，缴费年限期满才能在退休后按月领取养老金。短期缴费若达不到规定的年限则只能一次性提取个人账户资金，形同无效参保，相当一部分农民工认识到该问题后选择不参保或是退保。第三，养老保险的可转移性差。现有制度规定农民工与企业终止或解除劳动关系后，虽然原则上可以自由迁转社会保险关系，但是养老保险目前还是市（县）或省级统筹，各地在农民工养老保险的制度设计上有一定差别，养老保险关系的转移接续将面临折算和转换成本。现阶段大部分地区尚未建立完善的农村养老保险制度，农民工在城镇建立的养老保险关系无法在农村落户，只能一次性提取个人账户资金，统筹账户积累的养老保险权益同样无法享受。养老保险关系转移接续困难与缴费年限过长形成叠加效应，进一步削弱了农民工的参保意愿。

（2）失地农民无法进入养老保险覆盖范围。

很多地方的土地被政府征用，但被征地农民的征地补偿金标准偏低，无法在城市购置住房，只能打临时短工。我国各地的农民工养老保险制度类型也是多样的，参保条款也是五花八门，各地有各地的规定，规定的不一致导致养老保险关系的流动变得不太容易。我国现阶段的农民工养老保险区域特色比较明显，统筹层次低，而农民工的就业唯一标准就是工资，哪里工资高就会流向哪里，流动性很大，统筹层次低就只能拿走属于个人账户的那一部分，中断保险的概率很高。企业为了节约成本，也不愿意为农民工缴纳保险，所以最终不纳入养老保险的农民工数量也是不少。

（3）城镇企业养老保险没有全覆盖。

依据现有的统计数据，我国的城镇企业养老保险并没有实现全覆盖,其中很大一部分的原因就在于临时雇佣的农民工,农民工自身不愿意少领工资来缴纳养老保险,企业处于降低成本也有意无意地能省则省,导致城镇企业养老保险覆盖率没有实现全覆盖,减少了缴纳人数。

(4)城镇化对养老保险基金带来很大压力。

城镇化改变了城镇和农村的常住人口数量,而城镇企业和城乡居民的养老保险待遇差距比较大,2015年底人社部公布的城乡居民养老保险待遇每月水平超过110元,但据了解,很多地方还是维持在55~70元的初始水平上。城镇企业的养老金替代率可以达到40%~60%,结合各地的最低工资水平,也都是远远超过110元的水平。所以城镇化的过程也是养老保险支出增加的过程,势必会增加养老保险基金的压力。

6.4.2 应对城镇化的养老保险对策

(1)改革户籍制度,减少农民工养老保险流转障碍。

积极改革城市落户制度,可以设立积分落户制度,从多个方面设立权重和分值,具有稳定就业和稳定住所、参加社会养老保障的年限、连续在城镇的居住年限等,只要达到规定的分值就可以自己申请成为城镇户口。在户口转移的过程中,要保障农业转移人口的合法权益不受侵害,不得提出退出土地承包权、宅基地使用权、集体收益分配权等不合理条件来作为农民进城落户的要求。从而在户籍上减少农民工保险的流转障碍。

(2)提升公共服务待遇,进城农民普享经济发展成果。

城镇化要想顺利推进,农民进城必须解决,而要想让农民进城,必须让广大农民普享经济发展成果,让城市的基本公共服务均等化。在上述户籍制度改革的基础上,农民可以享受到和城镇户口一样的基本社会保障,可以享受到和城镇户口一样申请廉租房、公租房、经济适用房等保障性住房,享受到和城镇户口一样的教育资源、就业扶持、社会救助等等方面,只有这样才会提高城镇化的水平。

（3）土地正常流转机制，提高农民收入水平。

农民被束缚在传统的财产关系之中，土地承包是 30 年，农民只能是种地或者从土地中创收，无法从市场获得财产性收入，因为土地的所有权属于国家不允许买卖。所有权不能流转，但使用权可以有偿让渡。有些地方通过土地集中流转，按年给农户承包费用来进行集中管理，改变过去一家一户分散经营的劣势，走集约化经营，也可以改变农户的收入水平。同时，伴随城镇化过程，也可以引导农民进行创业，来提高农民的收入水平。

（4）提高农民工养老保险统筹层次，早日实现全国统筹。

我国农民工养老保险目前形成了三种实践模式：第一种是纳入现行的城镇社会养老保险体系，农民工与城镇职工同等缴费、享受同等待遇；第二种是为农民工单独设计社会养老保险体系。即在现行城镇社会养老保险制度框架内，根据农民工的情况适当降低门槛，建立农民工养老保险制度；第三种是建立一种综合性的社会保险，其核心内容是"一个保险、三项待遇"，即把工伤、医疗、老年补贴作为一揽子保险进行统一保障。三种实践模式都在摸索中不断改进，要规范农民工养老保险，主要是为了能够实现统筹层次的提升，可以保障农民工的自由流动。农民工养老保险全国统筹的实质性内涵包括：在统一制度、统一管理机构、统一缴费比例、统一养老金计发办法的基础上，实现基础养老金的统收统支。统一管理机构是全国统筹的组织基础，要求建立垂直管理的养老保险经办机构，集中管理养老保险基金的征收、管理和发放。统一缴费比例要求企业和个人不因所在区域不同而承担不同的缴费率。统一养老金计发办法目前在全国范围内已经基本实现。养老保险基金的统收统支，则是实现全国统筹的本质体现，它要求经办机构统一负责征收基本养老保险费，并汇总到中央养老保险经办机构，由中央养老保险经办机构根据各地区对养老金支出的实际需求统一划拨资金。这些统筹到位后,就能实现农民工养老保险的全国统筹。

(5) 建立正常的养老金调整机制。

欧洲绝大多数国家都建立了养老金调整机制,调整指数各不相同,有的国家是以物价指数为调整依据,有的国家根据工资增长率,有的国家是结合物价指数和工资增长率来调整,还有的国家是在上述基础上,考虑养老保险财务制度可持续因子来调整。所有国家的养老金调整的资金来源取决于税收的高低和社会保险基金的多寡,其实质是根本上取决于经济增长。调整的过高会使缴费者缴费率不断上升导致生产成本提高,会对就业带来影响,调整的过低会使领取者生活水平受到影响。农民工养老保险尽早纳入城镇企业职工养老保险,同时需要有正常的调整机制。参照物价上涨率和农民收入实际上涨率来调整养老金,保障退休后农民工的生活绝对水平不降低,保持养老保险制度的相对公平。

第7章

中国养老保险支出的财政风险诱因之三：通货膨胀

7.1 中国通货膨胀的特征及趋势

7.1.1 通货膨胀的内涵及其特征

（1）通货膨胀的内涵。

关于通货膨胀的内涵，国内学者的界定有很多版本：信用货币制度下，流通中的货币数量超过经济实际需要而引起的货币贬值和一般物价水平全面而持续的上涨；通货膨胀就是货币购买力下降导致人民生活水平下降；通货膨胀就是货币的发行量超过了流通中对货币的需求量。尽管表述不是完全一致，但对通货膨胀的界定都指出了是一种物价上涨现象，并且是一般物价水平的全面上涨，局部的或个别的商品和劳务的价格上涨，不能称为通货膨胀；通货膨胀还是一个物价持续性的上涨现象，季节性的、暂时性的物价上涨也不能视为通货膨胀。

（2）通货膨胀的衡量指标。

衡量通货膨胀常用的指标是 CPI、PPI、RPI、GDP 折算指数。CPI 是居民消费价格指数（Consumer Price Index）的简称，

第 7 章 中国养老保险支出的财政风险诱因之三：通货膨胀

是对一篮子消费品购买价格的衡量，通过 CPI 指数可以看出消费者购买力的实际变化。这也是世界上使用的最广泛的价格水平衡量指标。不同的国家所确定的一篮子消费品的内容不同，比如英国会规定牛肉占比比较大，而日本则是生鱼片，到了法国就变成了红酒，每个国家都会把最能代表自己国家居民消费常用消费品列入其中。

PPI 是工业品出厂价格指数（Producer Price Index for Manufactured Goods，也被称为批发价格指数）。顾名思义，PPI 衡量的是由生产者所购买的一篮子典型产品和服务——包括钢铁、电力、煤炭等原材料——的成本状况。由于产品生产者在觉察到市场对其产品的整体需求变化之后能够迅速调整价格，因此 PPI 对通货膨胀或通货紧缩压力的反应通常比 CPI 更为敏感。因此，PPI 通常被认为是通货膨胀率变化的一个"早期预警信号"。

RPI 是商品零售价格指数（Retail Price Index），通常用来反映城乡商品零售价格变化趋势的一种经济指数。GDP 平减指数是 Gross Domestic Product Deflation 的简称，确切地说，GDP 平减指数不是一个价格指数，尽管它可以起到和价格指数相同的作用，它是用名义 GDP 和实际 GDP 之比乘以 100 来表示。

以上述四种价格指数为基础分别得出的通货膨胀率，都大体一致，只是工业品出厂价格指数的波动幅度会比其他几个指数大，因为能源和食品价格的急剧上升，对 PPI 的影响要比其他的大。

（3）通货膨胀的分类。

分类是了解一种事物非常有效的方法。依照不同的分类依据，可以将通胀分为不同的种类。这里我们仅仅介绍一下为了分析通胀用得比较多的两种分类。

第一种分类：按照价格上涨的速度进行分类，可以将通货膨胀分为温和的通货膨胀、奔腾的通货膨胀和超级通货膨胀。

温和的通货膨胀,又称为爬行的通货膨胀,是指年物价上升速度在10%以内;奔腾的通货膨胀是指年物价上涨速度在10%~100%以内;超级通货膨胀是指年物价上涨速度在100%以上,完全失去控制。

第二种分类:按照通货膨胀的形成机理进行分类,可以将通货膨胀分为需求拉动型通货膨胀、成本推进型通货膨胀、混合型通货膨胀和结构型通货膨胀。需求拉动型通货膨胀是指总需求超过总供给所引起的一般价格水平的持续显著的上涨。成本推进型通货膨胀是指由于成本上升(比如,物耗的增多,工资的提高)所引起的物价普遍上涨。混合型通货膨胀是指兼有前两种原因而导致的通胀。结构型通货膨胀是指由于社会经济部门结构失衡而引起的物价普遍上涨。

7.1.2 中国通货膨胀的发展历程

1990年以来,中国一共经历了四次不同程度的通货膨胀,通过表7-1可以直观地看到,在这四次通胀中,1991~1997的是最严重的一次,CPI的月均增幅高达12.49%,这也是改革开放政策在中国得到明确后,对经济刺激的后果,各种经济成分非常活跃,物资需求十分强劲,商品价格持续走高,为此政府不得不再次采取了紧缩的宏观调控政策。在20年期间,中国就发生了四次通货膨胀,这绝不是偶然的,而是有其内在的原因:首先,计划经济体制下的相对宽松的财政政策和货币政策,实行市场经济体制后,人们的思维惯性会忽视价格的作用;其次,改革开放以来,投资热情倍增,投资速度增加自然会对消费、需求产生影响,需求拉动型通货膨胀的压力自然增加;再次,中国国内产业结构一直不均衡,国家的优先发展战略让第二产业短期内迅速发展起来,牺牲了农业和第三产业的发展,结构型通货膨胀的压力也在增加;最后,由于外资的流入、工资的不断上涨,都导致企业的生产成本在上升,从而成本拉动

第7章 中国养老保险支出的财政风险诱因之三：通货膨胀

型通货膨胀的压力在也不断增加。

表7-1 中国1990年以来历次通货膨胀情况汇总

发生时间	CPI月均增幅	峰值时间	峰值数
1991.5~1997.4	12.49%	1994.10	27.7%
2003.11~2004.10	3.98%	2004.8	5.3%
2007.3~2008.10	5.98%	2008.2	8.5%
2010.5~2011.4	4.25%	2010.12	4.6%

资料来源：《中国统计年鉴》相关数据整理计算而成；余斌、李建伟：《中国式通货膨胀》，中国市场出版社2011年版。

通过表7-2可以直观地看到，历次通货膨胀的程度和城乡居民的支出差别。1990年以来的第一次通货膨胀，可以算得上是一次急剧通货膨胀，CPI指数在1994年高达124.1，CPI呈现出一种跳跃上升、高位运行的状态，随后的几次通胀程度就没有这么高了。即通胀由急剧状态转为温和状态了，这都得益于经济的高速增长、供需失衡的缓解、价格改革的深入、市场机制的健全。

表7-2 各种价格指数及恩格尔系数

年份	CPI	城市居民CPI	农村居民CPI	RPI	PPI	城市居民家庭恩格尔系数（%）	农村居民家庭恩格尔系数（%）
1991	103.4	105.1	102.3	102.9	106.2	53.8	57.6
1992	106.4	108.6	104.7	105.4	106.8	53.0	57.6
1993	114.7	116.1	113.7	113.2	124.0	50.3	58.1
1994	124.1	125.0	123.4	121.7	119.5	50.0	58.9
1995	117.1	116.8	117.5	114.8	114.9	50.1	58.6
1996	108.3	108.8	107.9	106.1	102.9	48.8	56.3
1997	102.8	103.1	102.5	100.8	99.7	46.6	55.1

续表

年份	CPI	城市居民CPI	农村居民CPI	RPI	PPI	城市居民家庭恩格尔系数（%）	农村居民家庭恩格尔系数（%）
1998	99.2	99.4	99.0	97.4	95.9	44.7	53.4
1999	98.6	98.7	98.5	97.0	97.6	42.1	52.6
2000	100.4	100.8	99.9	98.5	102.8	39.4	49.1
2001	100.7	100.7	100.8	99.2	98.7	38.2	47.7
2002	99.2	99.0	99.6	98.7	97.8	37.7	46.2
2003	101.2	100.9	101.6	99.9	102.3	37.1	45.6
2004	103.9	103.3	104.8	102.8	106.1	37.7	47.2
2005	101.8	101.6	102.2	100.8	104.9	36.7	45.5
2006	101.5	101.5	101.5	101.0	103.0	35.8	43.0
2007	104.8	104.5	105.4	103.8	103.1	36.3	43.1
2008	105.9	105.6	106.5	105.9	106.9	37.9	43.7
2009	99.3	99.1	99.7	98.8	94.6	36.5	41.0
2010	103.3	103.2	103.6	103.1	105.5	35.7	41.1

资料来源：《中国统计年鉴2011》。

在2001年之前，城市CPI的增速一直高于农村，但2001年之后，农村CPI赶上并小幅超过城市，这是因为尽管农村经济发展很快，但和城市的差距不是短期内能赶上的，同样的商品由于交通不便利等原因，在农村的价格甚至超过城市，不论是粮食、肉蛋奶、还是烟酒、衣服和医疗保健等。因此农村CPI在2001年之后赶超城市。随着人们整体收入水平的不断提高，中国的恩格尔系数在不断下降但可以明显看到，农村的恩格尔系数显著高于城市的恩格尔系数，也就是说，衣食住等生活必需品支出在农村居民支出中的占比仍然偏高，相应的，城市的基本生活支出在总支出中比重要低一些，这就说明通货膨

第7章 中国养老保险支出的财政风险诱因之三：通货膨胀

胀过程中农民受到的影响要大于城市居民。

这几次的通胀都是由食品价格上涨引起的，由食品价格上涨推高物价，并且通常都是由较发达的地方带动，像北京、上海等地 CPI 指数先攀高，再慢慢蔓延到中西部地区。早期的通货膨胀都属于成本推进型通货膨胀，而随着经济一体化的发展，国家之间经济开放程度的不断增大，使得现在的通货膨胀都是内生型和输入复合型通胀，不仅仅受到国内物价水平的影响，也受到国际上主要战略资源价格变动的影响，像石油、国际游资等等。

7.2 通货膨胀的国际比较

通货膨胀在发达国家和发展中国家中都曾发生过，但由于发生的时间和国家环境不同，各有其特点。发达国家的通货膨胀主要发生在 20 世纪，21 世纪之后通胀水平都不高，而发展中国家的通货膨胀一直在发生。

7.2.1 发达国家的通货膨胀及其特点

发达国家的通货膨胀在整个 20 世纪就一直在发生而从没有间断过，并且以第二次世界大战结束为分界点表现出了前后截然不同的特点。在第二次世界大战结束之前，发达国家的通货膨胀有两个特点：一是很多发达国家通胀的发生都是由于战争，两次世界大战让很多发达国家的经济受到影响，物资短缺、物价疯长。二是虽然很多发达国家发生了通货膨胀，但波及范围都局限在一国的范围内，即使像德国这样在世界上影响很大的国家，发生大通胀也没有对其他国家产生严重影响。第二次世界大战结束之后，和平与发展成为世界的主旋律，各国之间的经济联系日益密切，国际贸易往来日益频繁，发达国家之间的经济融洽度不断提升，一国的经济波动会很快影响到其他国家。

这一时期发达国家的通货膨胀主要呈现以下特点：①国家间联系密切，普遍受到国际原材料市场价格变动的影响，比如1970年发生的石油危机，所有发达国家无一幸免，都发生了通货膨胀；②随着美国在世界上霸主地位的确定和布雷顿森林体系的确定，美国经济对世界经济的影响很大，通常是美国打个"喷嚏"世界都"感冒"。美国只要发生通胀，各发达国家都会有通胀，就连通胀水平也视美国通胀水平而定；③经济发展后，整个发达国家的劳动生产率有了较大的提高，在工会的压力下，工人的货币工资水平不断上涨，从而导致发达国家发生了工人工资上涨导致的成本推进型通货膨胀；④失业和通胀之间的关系受到人们的重视，继而引起各国政府的重视。菲利普斯也由于在失业和通胀关系上的杰出贡献而荣获2006年度的诺贝尔经济学奖。

美国在最近50年的发展历史上，仅发生过几次大的通货膨胀，按时间分，可分为1956~1957年的通货膨胀，1966~1969年的通货膨胀，1978~1980年的通货膨胀，1989~1991年的通货膨胀，其中1978~1980年的通货膨胀是二次世界大战后美国最为严重的一次通货膨胀，通货膨胀率最高达到了将近15%，CPI从1978年的106.5上涨到1980年的113.8。美国这次严重的通货膨胀主要是因为单位劳动力价格的提升和石油价格危机导致的石油价格猛涨，继而全社会商品价格持续走高导致的，有典型的成本推进型通货膨胀的特点。之后美国就一直保持着2%~3%的温和通货膨胀的状态，偶尔偏高达到4%~6%，但也会很快下降到3%左右。

7.2.2 发展中国家的通货膨胀及其特点

发展中国家的经济实力相对较弱，经济发展过程中以及通货膨胀发生都有自己的特点。首先，和国际食品和石油等大宗商品价格变动密切相关。只要大宗商品价格上升，主要发展中

第7章 中国养老保险支出的财政风险诱因之三：通货膨胀

国家的居民消费价格指数就会很快被推高。而对于发展中国家而言，食品类在 CPI 中的权重还比较大，例如巴基斯坦占 40%，斯里兰卡占 47%，非洲地区的低收入国家都在 50% 以上，国际食品价格上涨会直接推高发展中国家的 CPI。国际油价上涨也会直接推高居民消费价格中燃料类的价格，并且会提高很多部门的生产成本，在价格传导机制的影响下，间接地提高了其他消费品价格，属于输入型通货膨胀的一种。其次，发展中国家经济增长强劲，供需双方推动通胀，以此促进经济的更快增长。2010 年，新兴市场国家和主要发展中大国经济增长 7.1%，成为带动世界经济增长的强劲动力，其中，印度经济增长 9.7%，巴西为 7.5%。经济的快速增长，必然造成市场上供求紧张，一方面，生产供应紧张，能源短缺，生产的产品价格上涨；另一方面，居民工资连续上涨，生产成本因此提高，居民的购买需求旺盛。适度的通货膨胀可以刺激经济更快的增长。再次，发展中国家的经济增长多为粗放式，同样的经济发展成果在发展中国家需要耗费更多的原材料，而能源、食品等原材料多属于资源，资源的供给往往具有刚性，在短期内不可能快速增加，势必会因供不应求导致价格上涨，继而影响整个产成品市场的价格，并最终反映到老百姓的生活成本上。当一国的资源不足时往往会通过进口来解决，这要消耗大量的外汇储备，这又和一国的综合实力相挂钩了，不是所有的发展中国家都有足够的外汇储备来解决国内的资源瓶颈问题，所以发展中国家的通货膨胀多为资源不足引起的结构性通货膨胀。最后，发展中国家宏观调控治理通胀的能力要弱一些。一般发展中国家的政府支出在总支出中占的比重要大一些，资本市场发展的也不如发达国家完善，当国家遇到赤字问题无法从资本市场筹集到足够的货币，只能通过中央银行解决，中央银行通常会进行财政发行，导致流通中的货币量太多，从而引发通胀。

20 世纪 50 年代以来，拉丁美洲经历了严重的通货膨胀，一直作为拉美经济发展火车头的巴西也未能幸免。巴西在六七十年代创造了经济发展的奇迹，却在 80 年代和通货膨胀苦战。巴西在 1980～1985 年的年均通货膨胀率为 343%，1986～1989 年的年均通胀率为 585.9%。90 年代绝大多数拉美国家的经济开始复苏，巴西的通胀问题依然没有解决。1990 年的年通胀率为 2937.8%，1991 年为 440.8%，1992 年为 1008.7%，1993 年为 2567.5%，巴西连年的高通胀率已经阻碍了经济的进一步发展，换了很多计划都没能有效治理通胀。直到 1995 年巴西政府采取了"Real Plan"，通过发行新流通货币，成功使通胀率降下来。[①]

7.3 通货膨胀对财政支持养老保险支出的风险影响

7.3.1 通货膨胀对养老保险的影响

某保险网提供了一个假设的案例，我们通过这个案例可以直观地看到通货膨胀对养老金购买力的影响。假设我国的养老保险制度是从 1980 年开始实行的，当时刚参加工作的甲和乙工资都为 60 元，甲按照最低标准交给养老保险 4.8 元，而乙为了有一个幸福的晚年，在之后的十年当中都坚持每月多给社保交 20 元钱。30 多年过去了，甲和乙都到了退休的年龄，他们回头审视自己的生活：乙在 20 世纪 80 年代的很长一段时间内（工资大幅度提高以前），生活品质都只是甲的 2/3，他换来的唯一好处是，在社保账户上比甲多两千多块钱，这仅仅相当于目前城镇职工一个月的平均工资。领取根据退休前一年的平均工资制定的基本保费还比较划算，而前 30 多年交到个人账户里的前

---

① 沈默："托马斯论"，《世界经济与政治》，1995 年第 10 期。

第7章 中国养老保险支出的财政风险诱因之三：通货膨胀

被通货膨胀严重稀释了，几乎等于打了水漂。中国长期实行的低工资、高就业政策使得劳动者的工资水平普遍不高，而在社会养老保险制度刚刚实行时，养老保险费虽然绝对量上不多，但足以影响一个家庭的生活水平，因为货币也遵循边际效用递减规律。如果有的人在制度一开始就坚持每个月多缴保费，目的是能过一个富足的晚年，但是在通货膨胀的作用下，结果就是年轻时牺牲掉当时的高生活水平，换来的那些货币单位，经过多年的通货膨胀，等到退休时并不会给晚年生活带来多少改善。同等数量的货币单位在通货膨胀的作用下其购买力已经下降了很多。退休后如果想要维持退休前的生活水平，据世界银行估计，退休后领取的养老金占退休前工资的比例最好为70%，也称为所得替代率。

养老保险基金征收上来后，一是要满足基金的日常支出，二是将结余基金进行投资，实现保值增值。随着覆盖面的不断扩大，基金滚存结余明显越来越好。按照要求为了满足日常支出，必须留够2~3个月的风险基金，并且对风险基金的安全性要求很高，必须存入银行。除此之外还有剩余，剩余部分可以投资其他领域进行保值增值，目前社会保障基金理事会已经涉足基金、股票等领域。除了统筹基金外还有个人账户，个人账户基金是由省级社会保险经办机构统一管理，纳入社会保障基金财政专户，由各省按照国家规定投资运营，并要负责保值增值。

通货膨胀对养老保险基金的影响主要表现在两个方面：一方面是已经征收上来的巨额养老保险基金本身贬值；另一方面是由于通胀导致生活成本上升，养老支出增加导致财政压力加大。养老保险基金是社会保障基金的主体部分，社会保障基金在初期的投资仅局限于存入银行和购买国债，安全性是有保证了，但收益率太低，再加上通货膨胀，社会保障基金实际上是一个贬值状态。为了抵御物价上涨的影响，保证基金的实际购买力超过物价的增长水平,在养老保险个人账户基金实行积累制之后,由于储蓄与使用时间上的分离,必须保证基金的增值,通过投资运营获取比通货膨胀更高的收效率,增强社会保障的给付能力,实现对参保者未来的承诺,减轻社会保障制度运行的巨大压力。

统计数据显示,过去 30 多年中,中国 GDP 增长约 90 倍,但同期广义货币供应量增长了 700 倍。由此造成的结果是,货币购买力大幅下降。国家统计局公布的 CPI 数据显示,过去 30 年平均值为 5.51%,即 1980 年的 100 元钱,如今相当于 500 元,这还不包括居住类资产价格的成倍增长。

尽管有部分地区已经拿出地方财政来为养老金支出埋单,但养老金应是独立于财政之外的,国家并无对其进行补贴的义务。社保机构要让投保人最后拿走的比存进来的多,就必须自己想办法。社保资金投资股市、债券、基金,是各国普遍的选择,中国也不例外。不过目前中国社保基金投资收益率还不到 2%,几乎是世界上收益率最低的,连官方账面上的 2.2% 的物价增长指数都没有跑赢,养老钱实际处于贬值状态,且随着社保基金规模越来越大,贬值损失也越来越大。

通货膨胀致使人们的退休生活质量受到影响,法国民众因为退休制度改革已经进行罢工,希腊、保加利亚和马其顿的民众也因为同样的原因走上街头,这些改革的核心内容,或者削减养老金,或者提高退休年龄,或者提高养老保险缴纳比例,总之都是为了减少通货膨胀对养老保险的影响。

7.3.2 通货膨胀对财政支持养老保险支出的风险影响

通货膨胀对财政支持养老保支出的风险,可以从两方面来看,一方面是通货膨胀导致一国经济发展速度放缓,财政支持能力下降;另一方面就是通货膨胀导致养老成本增加,养老金发放压力加大,缺口增加,财政的支持风险就上升。为了直观地看到通货膨胀对养老金的影响,我们可以从供给和需求的角度来分别分析通货膨胀对城镇职工养老金供求的影响,因为城镇职工的工资水平数据更容易获得,表现得更直观。

通货膨胀率在养老金的需求和供给中,都应该考虑到。名义利率通常是包括补偿通货膨胀风险的利率,实际利率在一定时期内应该是相对稳定的,名义利率和通货膨胀率通常会同步变化,人们对价格变化的预期通常滞后于通货膨胀率,名义利率的变化相应也就具有了滞后性,养老保险个人账户正是由于这种滞后性产生了通货膨胀风险。根据统计年鉴数据,2015年我国城镇职工的年均工资为63241元,按照10%的速度增长,则2016年我国城镇职工的年均工资为 $AW_{2016} = 63241 \times (1 + 10\%) = 69565.1$ 元,按照国际劳工组织公约规定的55%的养老金替代率,退休第一年需要的收入(Annual Income,记为AI)为,$AI = 69565.1 \times 55\% = 38260.8$(元),退休后每年保持相同的消费购买力水平,假定通货膨胀率为3%,则在社会余命为25年的前提下,共需要养老金(Total Pension,记为TP),则 $TP = \sum_{i=1}^{25} AI (1+r)^i = \sum_{i=1}^{25} 38260.8(1+3\%)^{25} = 1356700$(元)。

按照3%的折现率将TP折算到退休时点的现值,则 $PVTP = \dfrac{TP}{(1+r)^{25}} = \dfrac{1356700}{(1+3\%)^{25}} = 647967.055$(元)。

同理,根据人社部资料显示,2015年全国人均养老金达到2321元,按照3%的增长速度,则2016年我国的人均养老金为:$PI = 12 \times 2321 \times (1+3\%) = 28687.56$(元),在社会余命为25年的前提下,则养老金一共可领取:

$$TP = \sum_{i=1}^{25} PI (1+r)^i = \sum_{i=1}^{25} 28687.56 \times (1+3\%)^{25} = 1077305$$(元)

按照3%的折现率将TP折算到退休时点的现值,则:

$$PVTP = \frac{TP}{(1+r)^i} = \frac{1077305}{(1+3\%)^{25}} = 514526.87 \text{(元)}$$

通过前文的分析,不难看出,通货膨胀对于养老保险基金的影响是非常直接的,除此之外,通货膨胀对一个国家的经济、社会、生产积极性等多个方面都会产生影响。通货膨胀导致经济发展速度放缓,从生产领域到流通领域,各个领域都无法正常运行。通货膨胀会使货币贬值、物价上涨,导致企业的原材料价格飞涨,生产成本上升,生产利润在不同企业间、不同行业间、不同地区间重新分配,产品市场产生波动。经济增长速度放缓,社会情绪不稳定,人们的收入差距在不断拉大,贫者愈贫、富者愈富,西方经济学家都将通货膨胀称为是一次劫贫济富的过程。财富集中在了一少部分人手中,社会财富的分配过程因为通货膨胀发生了改变。人们为了在通胀中使自己的资金保值,纷纷将资金投资在房地产、古玩收藏等保值项目上,从而将财富生硬地积累在这些领域,导致即时消费减少,市场的有效需求不足,企业的生产动力不足,生产效率下降,全社会的经济发展速度放缓。税收会相应减少,财政的支付能力会降低。

全球经济一体化使得国家之间的联系日益密切,经济交流日益频繁,同时通货膨胀的传递也变得容易起来。一国的通货膨胀发生带动价格走高,很快就会在国际贸易中体现出来,示范效应的作用下,其他国家会纷纷提价。

按照现行规定,退休时的基础养老金月标准按照缴纳人所在市区上一年度职工月平均工资的20%来计算。职工工资对物价水平的反应短期内有一定的滞后性,通货膨胀会造成部分养老金领取人的购买力水平受损。在日本等其他国家的关于年金保险、养老保险的规定中,为了保持给付金额的实际价值与消费者的物价上升率相吻合,均导入了"物价联动调节制",以

第7章 中国养老保险支出的财政风险诱因之三:通货膨胀

此来调整下一年度的给付额。在我国,广东省自1994年开始,每年都会参考上一年的物价指数、在职职工的工资增长等因素,相应调高退休人员的养老金水平。但这一机制只是局限于部分地区,并没有实行全国推广。我们应当借鉴外国的经验,并结合广东等地区的成果,增加试点并逐步推广到全国。[①] 为了有效规避通胀带来的损失,养老金应该随着物价水平和通胀率而调整,具体的调整办法应该在全国设立统一的实施办法,明确各级政府的职责,规范各级政府的行为。

养老保险导入物价联动调节制在通货膨胀的情况下,势必会在短期给予中央财政一定的压力。如果整个社保基金的收益率较低,甚至跑不赢CPI,也会为物价联动调节机制造成障碍。社保基金只有在"安全第一""保值增值"的情况下,拓宽运营渠道,实现较高的盈利率,才能为物价联动调节制的全面实行做好准备。

据世界银行的一项估算,从2001~2075年,中国养老金缺口可能达到9万亿元人民币,目前对中国养老金缺口的估算,最乐观的也认为缺口将达到3万亿元人民币。而据全国社保基金理事会预测,到"十二五"末全国社会保障基金规模也才1.5万亿元。如果考虑通货膨胀因素,这个缺口会更大。

7.3.3 如何有效应对通货膨胀对养老保险基金的影响

第一,建立养老保险基金防御系统,提前预防通货膨胀风险。防御系统的构建主要是为了进行事前预防通胀风险,通胀风险通常会是一种系统性风险,这就需要进行养老保险个人账户基金的投资组合,不要局限在几个产品上,而是进行多样化的投资资产组合,甚至包括国际金融市场的产品,这样才能有效分散风险。

---

① http://china.findlaw.cn/info/baoxian/shbx/ylbx/295094.html。

第二，采取财政手段，提高养老金收益。在通货膨胀时期，政府可以通过多种财政手段来保证养老保险基金的保值增值，提高适应市场的能力，比如：增加税收支出、加大财政补贴、发行指数化债券等手段。在通货膨胀时期，可以发行指数化债券，使得养老金享有税收优惠。在养老保险基金面临通货膨胀风险时，政府部门及时采取有利于养老保险基金保值增值的财政手段，提高其承受能力。包括税式支出、财政直接补贴等来保护养老保险基金。

第三，采取金融手段，控制货币供应量。通货膨胀产生的最直接原因是流通中的货币量超过了市场实际所需要的货币量，货币量供过于求，货币贬值、物价上涨。为了控制货币供应量，需要央行采取适度从紧的货币政策。一方面，央行控制对各商业银行或专业银行的贷款额度，提高银行存款准备金率，上调存贷款基准利率，减少对市场的货币投放量；另一方面，通过公开市场操作，在金融市场上出售政府债券，尤其是短期国库券，来减少基础货币的供应量。总之就是多种金融工具共同合作，减少流通中的货币量。只有这样，才能降低通胀发生的概率，减少对养老保险基金的不良影响。

第四，多种手段并用，稳定市场价格。通货膨胀下，市场价格会上升，这包括工业企业原材料燃料动力价格、工业品出厂价格、城镇/农村居民消费价格、进出口价格等。影响价格上涨的因素包括货币因素、实际需求、工资上涨、劳动生产率和输入型成本推动等因素，各种因素都会对物价产生推动作用，尤其在经过产业关联放大之后，会形成一种物价上涨的加速机制。物价加速上涨的幅度取决于上游产业产品价格向中下游产业的传导力度，受中下游产业产能过剩、市场竞争激烈制约，上游产业价格的上涨会在加工生产环节被部分消化吸收，最终只有部分涨价因素传导到消费领域。居民的食品、衣着、家庭设备、交通通讯、医疗保健、文教娱乐、居住消费等价格都会上涨。为了控制价格，首先，需要控制上游产品价格上涨对居民消费价格上涨的推动作用。上游产品价格上涨主要是由于进口的原材料价格上涨，国际市场的变动和美元贬值都促成了进口产品价格上涨，保持人民币汇率稳定，适度升值，不影响出口及经济增长。其次，加大政策性调控措施对物价上涨的抑制作用。民以食为天，食品消费在城乡居民消费中占比很高，平抑食品价格涨幅可以稳定物价，尤其是农副产品价格，生产周期长、风险大，避免农副产品价格的大幅度波动。通过政策性扶持，保护农产品以高于成本价格出售，有利润才能持续生产。最后，需要适度控制工资上涨幅度。城乡居民工资性收入是推动物价上涨的因素之一。随着人口老龄化的不断发展，劳动力供给是不断减少的，工资应该是会持续上涨的。在处理好抑制通货膨胀与改善人民生活水平关系的前提下，控制好工资上涨幅度。

第五，协调社会总供给和总需求。在通货膨胀下，社会总需求和社会总供给会不均衡，会对社会经济发展产生不良影响。通胀率不高时，可以采取适度从紧的货币政策和积极的财政政策，适度从紧的货币政策可以防止通胀率过高，积极的财政政策可以通过税收优惠和增加财政支出来刺激经济需求。在当前情况下，可以通过减少货币投入量，抑制房地产市场的泡沫，鼓励增加实业投资，刺激经济发展，协调社会总供给和总需求的关系。

第六，提高居民的收入水平。高通货膨胀对低收入者的财富的缩水，使得提高居民收入水平成为必要。在高通胀下，居民的消费水平肯定会下降，为了保持消费必须提高收入水平才行。提高居民收入水平的措施可以有多方面的，包括多发工资和少交税。多发工资，就是建立一套成熟的工资增长机制，伴随物价和通胀率，保持工资水平同步增长，这样名义工资会增长。少交税包括所得税领域的直接少缴税和间接财政补贴或税收优惠。目前我国个人所得税的工资薪金税前扣除金额是 3500 元，但当前的个人所得税中的纳税主体是工薪阶层，占个税纳税总额的 70%，个人所得税没有起到缩小贫富差距的作用。提高个税的税前扣除项目金额，可以增加居民的可支配收入；增加减税幅度，对于符合个人所得税、房产税等税种减税规定的行为及项目，加大减税的力度；退税，对于居民的日常消费中，符合生活必须的（教育费用和房屋贷款利息）可以在税前进行合理的扣除。

第 8 章

中国财政支持养老保险
支出风险的防范对策

养老保险是一国社会保险制度的重要组成部分,不论从收入角度,还是从支出角度,养老保险都是社会保险中的绝对主体部分。中国城乡二元的经济结构决定了养老保险也是城乡分治,适用于不同的制度。城市养老保险主要包括城镇企业养老保险制度和机关事业单位养老保险制度。当前中国城镇企业养老保险是社会统筹和个人账户相结合,国家、企业、个人三方共担,但养老保险资金缺口一直在增大。据有关研究机构估计,25 年后养老保险资金缺口可能会从现在的 2 000 亿元增加到 1.8 万亿元。财政支持养老保险是义不容辞的责任,但财政应该怎样防范风险,不至于出现像欧债危机那样的灾难,却实在是一个值得思考的问题。

8.1 优化财政收支结构,提高养老保险支出效率

8.1.1 加强财政管理养老保险的水平

现在世界上已经建立养老保险制度的国家大多都建立了多层次的养老保险制度。多层次的养老保险制度包括:第一层次

是国家基本养老保险制度，第二层次是企业年金制度，第三层次是个人储蓄和购买商业保险。第一层次是为了保证退休人员的基本养老生活需要。由国家和社会根据相应的法律和法规，在劳动者达到法定退休年龄后，或者在因年老丧失劳动能力后，为保证退休人员的基本生活而设立的一种社会保险制度，具有很强的互济性和社会性。第二层次是企业年金，是经济效益好的企业为其员工建立的补充养老保险，由企业额外拿出部分资金为员工缴纳养老保险，属于员工的额外福利，在退休后可以在领取更高水平的养老金，有助于员工在职期间更好地为企业发展出力。第三层次的养老保险是私人购买商业保险，纯粹是个人为了养老而进行的变相储蓄。商业保险的投保人在交纳了一定的保费之后，就可以按照合同约定的年龄领取养老保险了。投保人在退休之后，除了基本养老保险金的领取之外，还可以领取商业养老保险作为补充，为退休之后的生活依然能有品质提供了保障。一般情况下，商业养老保险的保险费的金额相等、缴费期间内的利率不变、计息频率不变、领取时间不变、领取金额不变等，这都能保证老人晚年的生活水平不受影响。

目前，中国的基本养老保险的覆盖范围已经不小了，据统计，截止到 2016 年末，全国的基本养老保险的覆盖范围达到了85%。农村养老保险基本实现全覆盖，城镇养老保险主要包括城镇企业养老保险和机关事业单位养老保险。

企业年金自从 1991 年国务院提倡、鼓励企业实行补充养老保险，经过 20 多年的发展，已经有了很大的进展，但和发达国家比起来还是有很大的差距。不管是从年金的规模，还是从法律体系建设、年金的运营等方面都存在很大的空间需要改进。

第三层次的私人购买商业保险，是对前两个层次的补充，是在个人有一定的经济基础的前提下，为了保证退休生活的质量而进行的储蓄。商业养老保险是个人和家庭养老保障计划的主要承担者，同时也是一个国家金融发展的稳定支持者。商业养老保险市场是一个国家金融市场的重要组成部分，可以有更多的金融衍生品来迎合大众对个性化养老服务的需求。商业养老保险是企业年金市场的主要服务对象，未来企业年金会是大势所趋，企业年金的发放也会是年金化的，而年金化发放只能通过保险业才能实现。企业年金在发达国家早就实现了，在我国的参与率也只会越来越高，这也是未来保险市场的一个重要分支。商业养老保险也是养老服务业健康发展的有力促进者。商业养老保险还是社会养老保障的市场化运作的重要参与主体，社会养老保障基金的市场化运营要依靠多元化的投资主体，其中保险类投资者必不可少，这当中的社会保险的经办机构，由于同是养老保险的构成部分，很多养老保险业务可以同时进行，节省人力物力，更有效地利用好现在的经办机构，提高工作效率，减少养老保险的经办流程，可以让商业养老保险机构在经办过程中承接部分养老保险业务，从而互相合作，提高养老服务的工作效率。双方在合作的过程中，可以互相补充，各自发挥优势力量，商业养老保险的寿险精算能力比较强，而社会养老保险的经办服务网络比较成熟，共同提高养老服务水平。

人们提到商业保险，经常会说羊毛出在羊身上，其实保险公司通过积少成多，进行投资来获得收益，但由于目前国内保险公司的经营管理能力有限，营销手段不够先进，导致人们对商业养老保险的重要性认识不到位，而国外同等水平的发展中国家的商业养老保险的发展水平要比中国强一些。随着2017年7月初《关于加快发展商业养老保险的若干意见》的出台，商业养老保险迎来了新的发展机遇，发展空间巨大。业内人士认为，我国商业养老保险虽然还处于起步发展阶段，但商业养老保险发展保持了较快的速度。近年来，具备养老功能的人身保险保持了持续快速的增长势头，近5年平均增速超过43%。与保险行业自身进行纵向比较，早在20世纪80年代，我国保险机构已开始经营具备一定养老功能的年金保险。但与发达国家横向对比，我国商业养老保险发展仍较为滞后。在一些发达国家，如美国、英国、加拿大等国具有养老保险功能的人身保险保费收入在全部保费收入里占比大约为50%，而养老年金保险保费收入的占比超过35%。同期我国具备养老功能的人身保险保费收入在人身保险保费收入中的占比为25%[①]。差距还比较大，但发展也是有目共睹的。

我国基本养老金增长率不断下降，也就是在以一个减慢的速度增长。2008~2014年间，我国基本养老金增幅基本维持在10%左右的水平，2014年的基本养老金增幅为10%，2015年为6.5%，2016年为6.5%，2017年为5.5%，伴随着基础养老金的不断下调，商业养老保险在以递增的速度增长，保监会数据显示，商业养老保险保费收入近5年平均增速在40%左右。虽然商业养老保险增长较快，但由于基础薄弱，在整个养老保险体系中的占比仍然很小。2016年我国的商业养老保险仅占全国养老保险的2%，同期的全球平均水平为5%，同期美国商业养老保险占GDP比重高达42.5%，差距依然比较大。在我国养老体系三大支柱中，商业养老保险的占比仅为2%，基本养老保险和企业年金的占比分别为65%和33%。商业养老保险远远没有发挥其作为第三大支柱的作用。毫无疑问，未来我国的商业养老保险发展规模巨大。商业养老保险基金由于具有基金规模大，持有时间长的特点，所以一方面，巨额的商业养老保险基金可以作为大型的机构投资者参与资本市场各领域的投资，像股票、证券投资等，类比发达的资本市场，我国现阶段的机构投资者占比还比较低，个人投资者比较多。机构投资者由于投资决策是经过专业的筹划，加上投资规模巨大，机构投资者的稳定性非常好。另一方面，国家阶段性的政策目标和关系国家民生的重大战略工程的实施建设，由于投资周期长、安全性好，

---

① http://news.cnstock.com/news, bwkx - 201707 - 4099305.htm。

也可以鼓励商业养老保险基金参与进来。这也就对商业养老保险基金自身提出了更高的要求：加强商业养老保险业内部的制度建设，提高商业养老保险的服务质量，加大发展专业的养老服务机构。同时也需要政府部门的大力支持，加强对商业养老保险的政策支持，包括优惠税率、财政补贴、投资优惠等方面，完善各级地方政府相关部门对商业养老保险的支持力度，强化对其的监督管理，扶持商业养老保险迅速壮大。

只有加强财政支持养老保险制度的管理水平，才能有效防范财政支持养老保险的风险。继续加强基本养老保险制度建设，从政策上和财政补助支出上给予倾斜支持其发展；通过税收优惠引导企业发展企业年金，鼓励企业为其职工的养老生活增添一份保障；完善商业养老保险的法律建设，可以通过延期纳税和减免部分个人所得税来鼓励个人购买商业养老保险。

总之通过以上三个支柱的互相配合，既要保证老年人的生活品质，也要让养老保险体系由国家、企业、个人共同承担责任，以此来分散财政风险。目前三个支柱的框架是搭起来了，但各个支柱在养老保险体系中发挥的作用却又是不一样的，三支柱发挥的功能极其不平衡。不论在参保范围还是在养老金替代率方面，基本养老保险都发挥了极为重要的保障老年人群退休生活质量的作用。第二支柱是企业年金，截止到2015年全国建立企业年金的企业占比仅为0.69%，寥寥无几，而机关事业单位的职业年金建立的时间还非常短，效果还不好分析。商业养老保险的市场占有率还是偏低，无法有效地发挥养老保障的社会功能。

提高财政管理养老保险的水平，就要在保证公平的前提下，尽量维护这份公平，让广大城乡居民都能分享社会发展的红利，与此同时也不能给财政带来太大的压力。改变过去重视城市忽视农村的做法，做到城乡养老保险统筹发展。改变过去城市中不同职业养老保险的待遇差距悬殊，公务员养老保险的替代率非常高,事业单位和国有企业的养老金替代率也不低,但城乡居民的养老保险待遇就比较低的现象。这种碎片化的养老保险制度不利于财政管理养老保险。要在城乡之间、城市各职业之间和城镇居民之间建立相对公平的养老保险制度。养老保险制度的一体化有利于财政优化管理,首先是扩大覆盖面,应保尽保,所有公民都应该在社会养老保险的覆盖范围内。其次是均衡养老金发放水平。缩小城乡居民养老金待遇的差距,缩小公务员、事业单位职工、国有企业职工和城镇居民的养老金待遇水平的差距。通过财政补贴设立职业年金的方式来为公务员提供补充养老保险,事业单位职工可以通过自己缴费来为养老做准备,国有企业可以通过提高自身竞争力,来为员工多交企业年金,来提高职工退休后的生活水平。与此同时,为了保证养老生活水平的大致均等,可以通过政府制定全社会统一的年金政策,为城乡居民建立居民年金。最后,制度运行除了要考虑社会公平之外,还要考虑制度管理成本和制度运行效果。城市和农村的缴费基数如果相同,就会让城市居民觉得领取水平低,而农村居民则会觉得缴费基数大而放弃参保。

8.1.2 多渠道筹集养老保险资金

养老保险之所以给财政带来风险,还要归结于养老保险自身的资金有限、出现缺口,不足以支付养老金的领取要求。中国出现的养老金缺口归因于制度设计的缺陷,养老保险制度由现收现付模式转换为部分积累的统账结合的模式,但在制度设计中并没有明确转轨成本如何解决,这才造成统筹账户不足,挤占挪用个人账户,造成个人账户的空账运行。人力资源和社会保障部部长尹蔚民也坦言,尽管 2012 年全国养老金账户的结余近 2 万亿元,若非去年超过 1 800 亿元的财政补助,国内 13 个省均存在缺口。而缺口的根源,正是由于多年来养老金的积累不足,造成支付现在领取养老金待遇的社会统筹资金,远不及养老所需,只能挤占个人账户资金,导致空账。在以前的退休制度下,劳动者在工作期间实行的是低工资、高就业的政策,劳动者为国有资产的积累做出了不可磨灭的贡献,现在养老制度改革造成的养老金缺口,应该由国家负责。

多渠道筹集养老保险资金,可以从以下几个方面来努力。

第一,尽可能扩大养老保险的覆盖面,做到应保尽保,同时加大征缴力度,减少拖欠、偷漏保费的情况发生。人力资源和社会保障部已经于2014年起在全国逐步推行"全民参保登记计划",各类型养老保险的覆盖范围在不断扩大。截至2016年底,登记在册的我国城镇职工基本养老保险达到3.8亿人,城乡居民基本养老保险的参保人数为5亿人左右,16岁以上人口数为965 321 000人,养老保险覆盖率在85%以上,基本做到"应保尽保"。同时加大征缴力度,针对灵活就业人员和进城务工的农民工,要通过宣传,及时做好养老保险相关信息的上传下达,让大家做到心中有数,应交尽交。养老保险的缴费情况直接关乎退休后的养老金领取情况,只有按时足额缴费,才能到年老时顺利领取。

第二,划拨部分国有资产,充实养老金。国有资产中有退休人员的贡献,理应为退休人员的养老金提供保障。可以通过变现部分国有资产和划拨国有股来充实养老金。现在阶段下,国有经济的年度产出在GDP中的占比可以达到将近1/3,全部国企(只要所有权还是国资企业)可以划转10%的国资来充实养老保险资金。这个过程中,是将每年的国有股的红利拿出10%划拨到养老保险基金中,并不是直接将10%的股权直接划拨给养老保险基金,更不会是直接变卖股权,这样既可以使得国有企业继续运行下去,也能弥补历史欠账,帮助养老保险基金。据有关方面测算,这一办法每年可新增养老金上万亿元,效果十分明显。当然,在养老保险的转轨成本被弥补之后就可以停止这一划拨了,这需要以养老保险制度能够完全应对转制带来的经济成本,并且制度能够持续有效运行为前提。

第三,可以发行"社保公债"。以政府信用来保证将来资金的偿还,通过专项国债筹集来的资金可以先行支付,在发债期间通过发展经济增强实力来偿还。如果到期仍然无法偿还,"借新债还旧债"也可以,起码可以为政府换取一定的时间。"社保公债"属于专项国债的一种,必须专款专用,将来可以通过在国家预算中列支来偿还,这也是养老保险基金的资金来源之一。

第四,通过发行社会保障税来筹集资金。但这种做法目前在理论界尚未形成共识,有人认为开征社保税有劫贫济富的作用,高收入者可以通过纳税来享受养老保险,但这部分税金并不会影响高收入者的生活,而低收入者却会因为征税而影响到生活质量。

此外,还有通过发行福利彩票、鼓励无偿捐赠等方式来筹集养老保险资金。只有通过养老保险资金的筹集渠道多元化,增强资金的供给能力,才能减少财政直接支持养老保险的风险。

据世行1994年测算,中国的城镇职工的养老保险的转制成本大约为2万亿元;另外,这个转制过程将经历30年,因此分摊到每一年大约只占GDP的3%左右。尤其是在2000年至2020年之间,是劳动年龄人口持续增长而总抚养率相对较低的时期,应当抓住这个黄金时段,增加积累,将空账填实,顺利完成转制的历史性任务。由于1998年前全国养老金制度尚处于空白状,造成1998年之前退休的"老人",以及全国养老金制度施行前已参加工作的"中人",其个人养老金账户要么是"空户",要么是"半空户",导致这两大退休群体的养老金发放,只能先动用作为缴费主力军的"新人"账户积余。由于"新人"账户积余是有投资利息的,如此不得已的"老吃新",客观上导致"新人"账户收益受损,产生了新的代际不公平。

根据财政部发布的《关于2016年全国社会保险基金决算的

说明》显示，2016年，全国社会保险基金总收入50 112亿元，比上年增长8.1%；总支出43 605亿元，比上年增长11.5%；本年收支结余6 508亿元，年末滚存结余65 425亿元。对比近年数据，虽然社保基金滚存结余规模在不断增大，但是总收入同比增长速度明显慢于总支出同比增长速度，这显然与降低费率有关。还需指出的是，正常情况下，只要收支有结余，社会保险基金就可以正常运行，但我国社会保险基金收入中有相当部分来自于财政补贴。2013~2015年，七项社会保险基金（城镇五险、加上城乡居保与城乡医保）的财政补贴收入分别为7 371.5亿元、8 446.35亿元、10 198.15亿元。2016年，这一数值达到11 104.34亿元，创下历史新高。可见，当前社保基金运行在很大程度上依赖于财政补贴。据人社部发布的《2016年人力资源和社会保障事业发展统计公报》，以城镇企业职工基本养老保险为例，2016年城镇职工基本养老保险征缴收入26 768亿元，增长率为16.3%，而支出是31 854亿元，增长率则高达23.4%，大大高于收入增长率；这年的财政补贴是6 511亿元，比2015年增长38%，财政补贴再创新高。

8.1.3 中央和地方财政权责分明

1994年分税制改革以后，地方财政收入绝对量上增长很快，但在财政总收入中占比下降，中央财政收入从绝对量上和相对量上都增长很快。税制改革以后，经济年均增长9%，财政税收年均增长21.3%，税收的速度是GDP的增长速度2倍以上。税收占GDP的比重从1993年的12.3%上升到2010年的20.9%。由此引出了一个严重的问题就是财权上收和责任下移导致的地方财政出现困难，地方财政严重依赖中央转移支付，中央税收占全国税收的比重也由改革初的22%增加到2011年的51.1%。2011年中央财政对地方税收返还和转移支付32 341.09亿元，中央对地方税收返还和转移支付相当于中央财政收入的

76.1%、中央财政支出的66.9%,相当于地方财政支出的43.8%。①

而在养老保险的支出责任中,地方财政的支出压力并不比中央财政小,尤其是在新型农村养老保险制度中,筹资阶段中央财政没有义务,地方财政需要补助最少每人每年30元的补贴,给付阶段中央财政的支付压力也并不比地方财政大。按照预算内口径计算,收入上中央政府和地方政府各占一半左右,而在支出上中央占小部分,地方政府占绝对大头,如果考虑预算外收支,则地方政府的占比还要高。地方政府在养老保险中承担了更多的支出责任。中央政府在享有全国近半数的预算内收入的同时,承担的支出责任不多。绝大多数提供社会化养老保险的国家,都是由中央政高低府来承担养老基金的收支管理任务。中国主要依靠地方政府提供养老金。全国人大常委会委员郑功成曾指出:"我国基本养老保险制度还停留在地方分割的传统格局下,各个地区的缴费费率高低不一,各个地区的缴费基数口径五花八门,这破坏了养老保险筹资机制、缴费义务应当公平的底线,同时还影响了劳动力在全国范围内的自由流动"。我们也应该走符合国际惯例的路,由中央政府承担起全国统筹的养老保险体系,而不是现在这样,让地方政府承担了更多的支付责任。总体来说,地方财政和中央财政的职责应该划分明确,让财权和职责相匹配。养老保险的财政风险是既包括地方财政的养老保险支出的风险也包括中央财政的养老保险支出的风险。

---

① 马庆斌、刘诚:"中国城镇化融资的现状与政策创新",《中国市场》,2011年第16期。

第8章 中国财政支持养老保险支出风险的防范对策

表8-1 新农保财政补助内容

阶段	筹资阶段			给付阶段		
补助对象	新农保个人账户 （每月发放标准：账户全额/139）	选择较高档次 标准缴费的群体	缴费困难群体	最低标准基础养老金(55元/月)		提高和加发的 基础养老金
	规定标准内 缴费群体			东部地区	中西部地区	
中央财政	不补	不补	不补	补助50%	补助100%	不补
地方财政	补贴（≥30元/ 人·年）	补贴（≥3) 人·年 + 适当奖 励）	补贴（≥30元/ 人·年 + 最低缴 费标准的部分或 全部）	补助50%	不补	补助100%

资料来源：根据国发[2009]32号文件整理而成。

8.2 加强养老保险基金的管理水平

8.2.1 增加基金的保值增值能力

全国社会保障基金是指全国社会保障基金理事会负责管理的由国有股减持划入资金及股权资产、中央财政拨入资金、经国务院批准以其他方式筹集的资金及其投资收益形成的由中央政府集中的社会保障基金。社保基金是国家把企事业职工交的养老保险费中的一部分资金交给专业的机构管理，实现保值增值。随着养老金收支压力的加大，目前，全国社保基金增值压力也在加大。

据全国社会保障基金发布年报显示，截至 2011 年底，基金的资产总额达 8 688.2 亿元，相比十年前的 805.09 亿元，增长十倍，得到壮大充实。基金成立以来年均投资收益率 8.4%，比同期通货膨胀率高 6 个百分点。全国社保基金成立于 2000 年，是中央政府集中的社会保障战略储备资金，主要用于弥补我国今后人口老龄化高峰时期的社会保障需要。目前，全国社保基金与企业年金、基本养老保险基金并称为我国养老金的三大支柱。从资金筹集看，十年前基金主要依靠财政拨款，目前渠道得以拓宽。截至 2011 年底，财政资金累计拨入 4 919.79 亿元，累计转持境内国有股份 1 036.22 亿元、境外国有股份 542.79 亿元，还包括 900 多亿元的彩票公益金。从资产配置看，十年前主要为存款、国债，目前拓展至各个领域。截至 2011 年底，各大类资产的实际比例分别为：固定收益占 50.66%，股票资产占 32.39%，实业投资占 16.31%，现金及等价物占 0.64%。

从投资收益来看，基金成立以来平均年收益率为 8.4%，比同期通货膨胀率高出 6 个百分点。自 2003 年开始投资股票，获得收益占全部投资收益的 46%，年化投资收益率达 18.61%，比全部基金平均收益率高出 10 多个百分点。

近些年，基金加大了对实业的投资力度，截至 2011 年底，基金先后投资中央企业 870 亿元，投资以来累计增值约 800 亿元。同时，开展了股权基金的投资，承诺投资额 196.55 亿元，已缴出资 125.17 亿元。

目前，一方面是各地养老金资金规模不断攀升，另一方面是我国老龄化不断加剧，养老金账户长期处于空账运转，养老金账户缺口巨大。我国的基本养老保险基金管理还是多以存银行为主，收益率不到 2%，而 CPI 的涨幅却高于此项数字，这意味着养老保险基金的管理长期处于暗亏，养老金贬值带来的福利损失或已成事实。

现在世界各国都面临养老金缺口的巨大挑战，养老保险基金对安全性的特殊要求，所以在养老保险基金的投资方面都很谨慎，但高安全性带来的是低收益，长期下去，等到给付养老金时只能降低给付标准，这势必会影响基金的存在意义。世界上很多国家都把养老保险基金当作资本市场上的一股稳定力量，不仅规模大，而且投资时间长，不仅对稳定资本市场有利，更主要的是可以为养老保险基金的增值开辟渠道。

国家管理养老金账户这一体制本身也存在问题，在"上海社保案"出现之后，这方面问题日益引起国内民众重视。其实，即使以美国之高效廉洁，以"管理成本"为名的浪费仍然严重，按经济学家的计算是每三美元最后只有一美元发到老人手里。因此现在美国通过建立 401k 养老储蓄计划来替代养老保险，主要手段就是给 401k 账户里的储蓄降税，账户国家不动，存多少自己决定，但是私人在退休以前也不能随便动用账户里的钱。

目前世界上做得比较好的是智利的养老保险基金管理公司，这是由智利特定的发展环境决定的，但其中的一些具体做法还是可以借鉴的。20世纪70年代末智利"部分积累"模式的养老保险情况和今天的中国类似，实际上已经是"现收现付"模式，并面临巨大的资金缺口。1980年底，智利政府宣布执行新的养老金制度，其内容包括：每个参保人建立一个独立的养老保险基金账户，账户中的资金交由私营的养老保险基金管理公司进行投资运作，参保人可以从众多的基金管理公司中随意选择。养老保险基金管理公司收取一定的管理费。只有当养老金管理公司经营不善宣布破产时，政府才最终出面弥补资金缺口。

养老保险基金管理公司投资养老基金资产获得的投资收益率越高、服务越好，就会有更多的人愿意将自己的养老保险账户交给该公司管理，而养老保险基金管理公司运营的养老保险金越多，获得的管理费也就越多。智利自1981年实施养老金私营化改革以来，经过三十多年的发展，养老金不仅摆脱了亏空，而且还为基金管理公司带来了丰厚的投资回报，这些基金管理公司不仅帮政府甩掉了养老金的财政压力，转过头来还降低了个人的缴费率，提高了个人养老保险回报，在智利，甚至保险人死亡之后的养老账户结余也并不"归公"，其配偶和子女有权继续领取直到领完为止。

中国的养老保险基金一直是由全国社会保障基金来统一管理的，为了安全性，甚至发文规定养老保险基金只能够存银行和购买国债，狭窄的投资渠道是保证了资金绝对量的安全，但资金的贬值在所难免，尤其现在还是一个负利率的时代，而且造成资源的浪费。可以模仿智利在国内建立多个养老保险基金管理公司，彼此之间互相竞争，让市场优胜劣汰。政府只要在其中做好监管责任，当公司的盈利率低于某一百分点就可以撤销，而让其中的保户选择其他的公司。

此外，还可以实行养老基金托管制度。这需要一个国家拥有成熟的金融市场，国外的货币市场和资本市场都会介入养老保险基金的投资，甚至是某些金融子市场的主要投资产品。因为养老保险基金的长期性决定了它比较适合长期投资，而投资的长期性是会带来高收益的。中国现阶段的养老保险基金数目已经很大了，但由于金融市场，尤其是资本市场的不成熟，并没有为养老保险基金提供有效的投资渠道。养老保险基金的投资需要在有效运营的、高效率的资本市场，而且也对政府的政策扶持和倾斜提出更高的要求。[①]

8.2.2 科学延长退休年龄

《"十三五"国家老龄事业发展和养老体系建设规划》预测，"十三五"时期，中国60岁以上老年人将由1.78亿人增加到2.55亿人，老年人口比重将由13.3%增加到17.8%左右，老龄人口的绝对数量已是世界之最，约占世界老龄人口总数的1/5和亚洲老龄人总数的1/2。人口老龄化进程将加快，社会养老保障需求将大量增加。到2019年，中国在职人员与养老金领取人员的将下降到2：1，20年后将下降到1：1。另有研究显示，中国的养老金偿付义务相当于国内生产总值的70%至140%。

法定退休年龄是指1978年5月24日第五届全国人民代表大会常务委员会第二次会议原则批准，现在依然在执行的《国务院关于安置老弱病残干部的暂行办法》和《国务院关于工人退休、退职的暂行办法》（国发【1978】104号）文件所规定的退休年龄为：男60岁，女干部55岁，女工人50岁。考虑到提前退休，我国的男女平均退休年龄不到55岁，这在世界上是明显偏低的退休年龄。不论是发达国家还是发展中国家，都没有这么低的退休年龄。再加上中国现在处于人口老龄化阶段，领取养老金的人数会因退休年龄的偏小而增加，从而增加财政的养老保险支出风险。

[①] 《市场报》，2002年4月22日第三版。

表 8-2　　　　代表国家的法定退休年龄①

国家	原来退休年龄		现行退休年龄	
	男	女	男	女
美国	65	65	67	67
日本	60	60	65	65
法国	60	60	65	65
德国	63	60	65	65
韩国	60	60	65	65
巴西	60	55	65	60
印度	55	55	60	60

一个国家退休年龄的制定，既要考虑全国人口的平均预期寿命，考虑到退休后的社会余命，也要结合养老保险基金的收支情况。我国现在的退休年龄是在新中国成立初期人均预期寿命不到 50 岁的情况下制定的，而现在经历了六七十年的发展，我国的预期寿命已经达到了 70 多岁。综合考虑下，我国的退休年龄还是偏低的。

表 8-3　　部分代表性国家退休年龄及该国人口的预期寿命

国家	法定退休年龄		人均预期寿命	
	男	女	男	女
印度	60	60	63.7	66.9
巴西	60	55	70.7	77.4
俄罗斯	60	55	63.3	75.0
澳大利亚	65	63.5	81.9	81.9
日本	65	65	83.2	83.2

---

① 中国劳动咨询网：《世界各国退休年龄概览》，2008 年 11 月 15 日．http：//www.51labour.com/labour-law/show-15889.html。

续表

国家	法定退休年龄		人均预期寿命	
	男	女	男	女
美国	65—67	65—67	76.2	81.3
法国	62	62	81.6	81.6
马来西亚	55	55	74.7	74.7
新加坡	62	62	80.7	80.7
中国	60	55	74.8	74.8

要制定合理的退休年龄，必须遵循循序渐进的原则，结合中国的经济发展水平，参考其他国家的退休年龄，制定出符合中国实际的弹性退休年龄。上海已于2010年10月1日实行柔性退休制度，允许退休人员自由选择退休时间，同时对于自愿推迟退休的人员给予多发养老金的奖励。上海的柔性延迟办理申领基本养老保险，实际上是为了发挥技术类人才的作用，也是为了减轻养老保险基金的压力，但对于退休年龄还是有规定的，延迟年龄男性一般不超过65周岁，女性一般不超过60周岁。试点经验尚在积累中，效果理想会在全国推广。

对于弹性退休年龄制度，其好处至少有四：一是老有所为，于健康有益，延年益寿是社会进步与发展的重要标志。二是能有效合理使用人力资源。根据社会需要和自愿量力的原则，鼓励和引导老年人从事教育传授、社会公益事业、社区服务和自我服务等活动。对于从事教育、科研、医务工作和有其他特殊专长的老年高级专业技术人才，按规定和需要适当延长退休年龄，为他们继续发挥作用创造条件。有条件的老龄工作机构可帮助把退休的专家学者、企业家组织起来，让他们为企业界充当顾问，提供咨询服务。三是变隐性就业为显性就业既不新增就业压力，又能客观反映我国从业人员结构及就业状况，实现提高劳动年龄人口就业率目标向提高总人口就业率目标的过渡，以促成整体国力水平的提高和社会福利的增进。四是有利于完善劳动力市场,根据人力资源合理配置和有效使用原则开拓新的就业渠道,发掘新费源,实现保费的潜在收入水平不断提升。①

具体的实施办法可以全国统一,也可以给地方一定的机动权。在退休年龄上可以给劳动者选择权,给一个选择范围,比如说5年,退休的越晚领取的养老金会越多,退休时间在范围内越早,可以按月扣减一定比例,从而让早退休者少领取一定的养老金。

8.2.3 建立养老保险物价联动调节机制

为了有效应对通货膨胀对养老保险基金的腐蚀,世界上实施养老保险制度的国家绝大多数都建立了公共养老金调整机制。由于实施的背景和经济条件不同,各国调整机制的内容不同,有的国家是根据消费者价格指数的变化来调整,有的国家是根据净工资增长率的变化来调整养老金,还有的国家兼顾考虑。根据价格指数调整养老金是为了不贬值,但缺陷是养老金没能让退休者分享经济发展的成果,仅维持退休初期的生活水平。根据净工资水平调整养老金可以使在职者的税收负担减轻,代际负担转嫁的少一些。兼顾考虑的方式有很多种,瑞士就是其中之一,瑞士每两年对其养老金进行一次调整,调整是依据一半工资指数和一半物价指数相加后的指数。并且如果两年中有一年的物价上涨指数超过8%,则立即进行调整。②

中国目前建立了养老保险物价联动调节机制,通过监测CPI的变动趋势,CPI只要连续两个月涨幅超过5%,就应该对

---

① http://news.sina.com.cn/o/2007-05-18/150711846750s.shtml。
② 韩伟:"通货膨胀条件下国外养老金指数化调整机制及对中国启示",《技术经济》,2005年第10期。

养老金的发放额度进行调整。中国 CPI 测算中食品部分占比超过 1/3。有的地方试行通过建立价格临时补贴制度，按每人每月 30 元的标准发放。实行"按月测算、按月发放"。达到启动条件时，在锚定价格指数发布后，及时启动联动机制，并确保在价格指数发布后 20 个工作日内完成价格临时补贴发放。当月所有启动条件均不满足时，即中止联动机制，停止发放价格临时补贴。价格补贴仅仅是一种临时性的调整。将养老保险与物价变动联系起来，是为了使得养老金的实际购买能力可以顺应物价变动趋势，使老年人的退休生活质量不会受到大的影响。事实上，从 2004 年到 2017 年，国务院已经连续 13 年上调了退休人员的养老金，企业退休人员的养老金平均水平已经由 2004 年的月均 647 元上升到了目前的 2 000 多元，养老金的年度调整幅度甚至高于养老金的自然增长幅度。各个地区的养老金的基数不同，在全国普涨的情况下，会使得不同地区间以及同一区域内不同级次的退休人员之间的养老金差距日益扩大。由于各个地方的养老金的缴费标准在连续多年的持续上调，而养老金收入的增速不及养老金支出的增速，给各级财政带来了不小的支出压力。

综上，在权利和义务对等的原则下，在激励机制和约束机制共存的基础上，可以根据经济发展水平和物价变动趋势，兼顾基本养老险基金的承受能力、财政的总体负担水平等各个因素，适时调整基础养老金最低标准。统筹安排机关事业单位和企业退休人员的基本养老保险制度，逐步建立起统筹兼顾各类人员的养老保险待遇物价联动机制。

8.3 适度调整养老金替代率

机关事业单位的养老金替代率平均能达到 85%~95%，而同期的企业养老金的替代率只能达到 40%~60%，并且机关事业单位的工资水平比企业要高,这样下来,机关事业单位的离退休人员的退休金水平要高出企业不少,甚至有些机关事业单位的退休人员收入比企业的普通在职人员的工资收入还要高。现阶段,机关事业单位的退休金还主要依靠财政支付。据统计,现在中国每年增加约100万的公务员,这些人退休时还会依靠财政,所以应该改革机关事业单位的退休制度,适度调整养老金的替代率。可以通过建立养老金替代率的自动调整机制,在充分考虑时间跨度问题的前提下,在几十年甚至上百年的时间跨度里来考虑养老保险财政的可持续性发展,包括预期寿命的变动、退休年龄的调整、赡养率的变动等多方面的因素,只要指标值在预期范围内,就可以随着工资水平的变动来调整养老金替代率水平,反之,超出正常值范围,就要启用自动调整机制,下调养老金的替代率水平,从而保持养老金支出的可持续性。同时,要在机关事业单位中建立风险意识,职工在职期间要为养老做准备,也像企业那样国家、单位、个人共同缴费。这样企业和机关事业单位中的人才流动会更顺畅一些,退休制度可以衔接,退休待遇不会相差太多。当然这个过程应该是循序渐进的。

  我国养老金的替代率除了不同劳动者群体之间存在差异,也在不同的地区之间存在差异。发达地区的城镇职工的替代率要高一些,落后地区的职工养老金的替代率要低一些,这也是导致人才"孔雀东南飞"的原因之一。针对这种情况,可以建立养老保险储蓄卡,和每个人的身份证相挂钩,终身就一个号,工作期间的缴费全部在卡中存着,当工作单位或是工作地点发生改变时,可以连本带息转走,进入新的单位继续缴费,继续存入卡中,只有到达法定退休年龄时才能领取卡里的钱用于养老。类似于现实生活中的银联,从而建立一个全国性的电子平台,统筹级次的上升也变得容易,人员的省际转移也变得容易,最主要的是可以通过这个电子平台,逐渐协调养老金的替代率。

8.4 增强农民自身抗风险能力

中国财政支持养老保险制度中的关键一个部分,就是新型农村养老保险制度,而真要彻底解决农村养老,减少财政的支持风险,核心还是要增加农民收入,农民的自保能力增强了,财政的负担风险自然就少了。随着中国加入 WTO 时间的不断推进,当初的承诺也都在一一兑现。如何在 WTO 框架下寻求政府对农业支持的最大空间和有效方式,人们关注的主要是强调要充分利用好"绿箱"政策,进一步提高政府对农业的支持。世贸组织的成员方对于绿箱政策不用承担约束和削减义务。可以说,绿箱政策解除了农业补贴的政策约束。

世贸组织的《农业协定》是多边贸易体制下规范 WTO 成员国农业国内支持与补贴措施的基本准则。[①] 按照国内支持政策对生产和贸易产生扭曲作用的程度为依据,划分为绿箱政策(Green Box Policies)、黄箱政策(Amber Box Policies)和蓝箱政策(Blue Box Policies)。所谓绿箱政策,就是指政府为农业生产提供的基础设施、农林科技等服务支持,粮食安全储备,对农民的收入补贴、灾害救济等方面,由于对生产和贸易没有扭曲作用,可以不受 WTO 规则约束,免于减让承诺,一国的绿箱政策的实施力度取决于政府的经济实力。黄箱政策主要指一国财政对农产品价格的干预,农业投入包括种子、化肥、水利灌溉等投入品给予的补贴,一般是采用综合支持总量来计量一国的支持水平,世贸组织要求各个成员国国家不得超过其做出的承诺水平,我国入世时的承诺是 8.5%。蓝箱政策是在限产计划下,按照固定的面积、固定的产量或牲畜头数,或者是约定

---

① 朱超等:"美国农业国内支持与 WTO 规则一致性分析",《世界农业》,2017 年第 1 期。

基期生产水平的85%及其以下给予的直接补贴,这个不计入综合的支持量。

在WTO框架下,发达国家纷纷通过"绿箱"政策来扶持农业退休者、支持农业发展、甚至援助养老金计划。据WTO的内部通报材料显示,很多发达国家在20世纪后期就已经开始通过"绿箱"政策支出巨额资金保护农业生产者,有的制定了生产者退休计划,直接对达到一定年龄的农民给予补贴,日本更是明确建立农民的退休金计划,对年龄较大的农民进行补贴。这表明,发达国家"绿箱"政策支出开始向农民退休计划倾斜,其结构调整不是通过对农业结构本事的调整来实现的,而是通过对农民结构的调整来完成的,其对农民的保护主要不是对农业本身进行保护,而是通过实施退休金计划来实现的。这是其农业政策的重大调整,对我国最重要的借鉴意义在于,"以人为本"开始成为发达国家农业政策的基础。[①] 然而,由于中国目前并不存在这样的载体和政策工具,这使得中国政府实施"绿箱"政策的空间非常有限,也决定了中国对农业支持保护的力度是有限的,其对稳定和提高农民收入的作用就更为有限。

2016年6月30日之前,各地农民拿到了"农业支持保护补贴",受当初加入世贸组织的承诺限制,黄箱补贴的政策空间不大,已接近世贸组织的8.5%的上限,所以要从单纯的价格补贴改为对农民的收入补贴,绿箱政策是不受限制的。我国目前对农业的资金投入力度不足,对黄箱政策利用不均衡,对绿箱政策的适用范围过于狭窄,允许的11个项目中,我国目前仅仅利用了一半左右,还是没有充分利用。蓝箱政策一直未用,这和政策解读以及经济实力直接挂钩。

---

① 傅崇兰、陈光庭、董黎明等著:《中国城市发展问题报告》,中国社会科学出版社2003年版。

中国在加入 WTO 谈判中，最后将农产品补贴率确定为不高于 8.5%，实际上中国对农业的黄箱补贴率几乎达到限额，但远远低于很多发达国家，这说明对农业和农民的支持力度还不够。农民的经营性收入，主要是种植收入。包括粮食作物和经济作物。农民的工资性收入，主要包括外出务工参与到第二产业的建设中去获得的收入，以及第三产业的蓬勃发展带来的一系列的就业机会和收入。部分农民可以通过土地的征用获得的拆迁补偿款，但受益群体比较小，农村里出租房子的也是极少数。再有就是养老保险和医疗保险等转移支付的内容，也是农民收入的重要组成部分。此外还有农业保险，也是助力农民脱贫和降低风险的重要手段。政府可以利用农业保险的杠杆作用来撬动风险保障金的作用规模。对农业保险给予财政补贴也是符合 WTO 的绿箱政策。例如美国联邦政府在 2006 年到 2015 年期间，为农业保险提供的保费补贴、经营管理费用补贴和再保险补贴的数额，从 59.30 亿元增加到了 131.30 亿元，农业保险补贴占美国农业国内支持预算的 70%~80%。

我国的农业养老保险近几年来也取得了一些成绩。我国农业保险费额位居全球第二。农业保险的保费收入从 2007 年的 51.8 亿元增长到了 2017 年的 477.7 亿元，农业保险的赔款额度从 29.75 亿元增长到 366.10 亿元，政府为农户提供的风险保障从 1 126 亿元增长到 2.8 万亿元，参保农户数量从 4 981 万户次增长为 2.13 亿户次，参保农作物从 2.3 亿亩增加到 21 亿亩，农业保险已经覆盖了所有省份，参保农作物有 200 多种，玉米、水稻、小麦三大口粮作物承保覆盖率已经超过 70%；农业保险在一些大灾面前发挥了风险保障功能。如 2013 年黑龙江特大洪涝灾害，农业保险支付赔款 27.16 亿元，约占直接经济损失的 13.8%，受益农户 50.9 万户，占参保农户的 59.7%，户均赔款 5 336 元，占当地农村居民人均年收入的 62%，最多的一位种植大户，获得赔款 352 万元。2014 年中国人保财险为近 1 800

万受灾农户支付农业保险赔款 116 亿元,占行业农险赔款的 54%,其中在辽宁旱灾中支付了近 4 亿元的农险赔款。农业保险可以促进农业规模经营,中国人保财险在浙江、江苏等地推出了涵盖农业生产、家庭财产、人身意外等一揽子保障的家庭农场综合保险产品。在山东潍坊、东营等地推出了涵盖农业龙头企业生产、加工、流通、销售等环节的全流程风险保障产品,为现代牧业、正大集团、欧亚集团等大型农牧企业量身开发保险产品。农业保险可以助力脱贫攻坚工作。一些省级政府已经开始设计或颁布相关的实施方案了。2018 年 7 月 24 日,甘肃省人民政府办公厅《甘肃省 2018~2020 年农业保险助推脱贫攻坚实施方案》。补贴十个中央补贴险种和中药材收入保险苹果收入两个省级补贴品种。增设六个省级补贴品种。开设种养产业综合保险。农业保险彰显社会治理作用,利用保险机制进行社会治理创新。将政府传统的临时救灾行为转化为制度化、规范化的救灾机制,起到了社会"润滑剂""稳定器"的作用,减少了社会摩擦,维护了社会稳定,提高了社会运行效率和管理效率。例如 2016 年阳光农业相互保险公司分别和黑龙江省财政厅、瑞士再保险公司签订农业财政巨灾指数保险及再保险合同,启动了财政巨灾指数保险试点。该保险的投保主体和被保险人均为黑龙江省财政厅,保险区域和受益人为 28 个贫困县,总保费 1 亿元,保障程度 23.24 亿元。再如很多农业保险经营主体通过与畜牧兽医部门合作,将病死畜禽无害化处理作为获得保险赔款的先决条件,引导农户主动加强病死畜禽无害化处理,杜绝死亡畜禽流入市场危害民众健康。宁波也研发了农产品质量安全保险、农业雇主责任保险。培养国民保险意识。中国人保财险在四川省泸县试办杂交水稻制种保险,2012 年到 2015 年四年间累计承保面积 3 万亩左右。累计收取保费 255 万元,累计赔付 1 741 万元,赔付率达 683%,受到制种农户的高度肯定和欢迎。2016 年农户们争先恐后的投保。再如河南日报 2016

年2月18日报道,上蔡县和新蔡县的一些村民在村委会门口排起长队交小麦种植保险的保费。

我国农业保险存在的问题,农业保险立法还不健全,农业保险目标尚不明确,协同推进机制存在障碍财政补贴制度有待优化,市场经营环境仍需改善大灾风险分散制度缺位。我国农业保险未来发展的建议,首先是尽快颁布农业保险法。其次是明确农业保险发展目标,应该成立专门的农业保险管理机构。再次,优化农业保险财政支持制度。最后要改善农业保险市场经营环境,完善农业保险大灾风险分散机制。

影响农民收入的因素主要是文化水平不高,政府对农业补贴的力度不够大。监管机制不健全。土地流转市场的不成熟。针对以上因素,可以有针对性地提高农民素质:首先,扩大义务教育的普及面,开展系统的职业教育。通过教育投入的增加,积极发展第三产业,发展具有地方特色的旅游文化产业,结合当地的人文历史、地理资源特色和文化背景,将第三产业作为农民的主要收入来源,既可以解决就业,还能提高收入水平。在接受职业教育的基础上,结合本地的地方特色,发展资源节约型、环境友好型第三产业,突出地方特色,让当地农民的钱包鼓起来。

其次,加快转变农业发展方式,切实提高农民收入水平。变过去的粗放型种植为集约型种植,精耕细作,发展经济林木、花卉等。结合地方特色,发展电子商务,推销地方品牌。在城镇化过程中,加大对城市生活的参与度,可以和城市结合发展定点种植,面向高端消费群体,走绿色产业之路。

再次,加大对农村地区的公共基础设施建设,加大公共服务的投入力度。完善配套法规。加大财政的补贴力度。开展农村合作社的建设。扩大农民的增收途径。完善农村土地的确权和流转制度,使农村土地能够合法流转,增加农民的收入。加大信息技术服务。使得农民可以及时了解市场和国家的方针政策。

最后是加大政府对农村的政策扶持力度。多进行符合绿箱政策的财政支持,研究蓝箱政策,不能再闲置,既能提高农民的补贴,又可以不受世贸组织的政策限制。也符合世贸组织对各成员国家要定期公开各自国内对农业的支持措施和支持水平的要求。

中国由于加入世贸组织的时间还太短,所以还没有充分利用好世贸的规则,"绿箱"政策也好,"黄箱"政策也好,都是可以好好利用的政策优惠,通过农民养老金计划将优惠政策充分利用,减少国家交往中的损失,降低财政支持养老保险的风险。

参考文献

一、中文部分

[1] 原新. 从六普数据看我国人口老龄化新变化 [J]. 中国社会工作. 2011（6）

[2] 孙健夫. 财政学 [M]. 河北人民出版社, 2006

[3] 郑功成. 中国社会保障论 [M]. 中国劳动社会保障出版社, 2009

[4] 侯文若. 社会保险 [M]. 中国劳动社会保障出版社, 2005, P. 2

[5] 邓大松. 社会保险 [M]. 北京：中国劳动社会保障出版社, 2011

[6] 郑功成. 中国社会保障30年「M]. 人民出版社. 2010（5）

[7] 邓大松. 社会保障学 [M]. 中国劳动社会保障出版社, 2011

[8] 李珍. 社会保障理论 [M]. 中国劳动社会保障出版社, 2011

[9] 焦凯平. 养老保险 [M]. 中国劳动社会保障出版社, 2004

[10] 高鸿业. 西方经济学宏观部分第五版 [M]. 中国人民大学出版社, 2011年, PP. 390－391

[11] 宋承先. 西方经济学名著提要 [M]. 江西人民出版社, 1998年, P. 358

[12] 孙健夫. 财政学 [M]. 河北人民出版社, 2006

[13] 吕学静. 现代各国社会保障制度 [M]. 中国劳动社会保障出版社, 2010

[14] 颜莹舫. 英国的就业和社会保障政策. 社会. 2004 (1)

[15] 刘桂山. 养老储蓄不足愁煞英政府. 市场报. 2004 年 11 月 2 日

[16] 曹永森. 国家、市场与社会作用之比较研究. 南京航空航天大学学报 [J]. 2004 (6)

[17] 丁建定, 杨凤娟. 英国社会保障制度的发展. 北京: 中国劳动社会保障出版社, 2004

[18] M. 因方特, J. 阿里斯蒂亚, J. R. 温杜拉加. 智利社会保障改革历程. 社会保障制度. 2001 (5)

[19] 刘险峰, 曹丽媛, 艾量. 关于我国人口老龄化的思考 [J]. 烟台大学学报（哲学社会科学版）. 2011 (7)

[20] 王树新. 北京人口老龄化与养老 [M]. 中国人口出版社

[21] 陈俊凤. 我国人口老龄化探究及建议 [J]. 经济与法. 2011 (3)

[22] 苏莉萍. 美国的养老保险制度 [J]. 重庆调研, 2002 (3)

[23] 国家统计局：《中华人民共和国 2009 国民经济和社会发展统计公报》

[24] 苏柳竹. 我国人口老龄化研究及应对措施 [J]. 科技创新, 2011 (5)

[25] 林采宜. 养老为什么会成为全世界的难题 http://finance.qq.com/a/20120907/001456.htm?pgv_ref=aio2012&ptlang=2052

[26] 原新. 从六普数据看我国人口老龄化新变化 [J]. 中国社会工作. 2011 (6)

[27] 王梦奎, 冯并, 谢伏瞻. 中国特色城镇化道路 [M]. 北京: 中国发展出版社, 2004

[28] 牛文元. 中国新型城市化报告 2009 [M]. 北京: 科学出版社, 2009
[29] 仇保兴. 城镇化与城乡统筹发展 [M]. 北京: 中国城市出版社, 2012
[30] 中国国家发展计划委员会地区经济司. 城镇化: 中国现代化的主旋律 [M]. 长沙: 湖南人民出版社, 2001
[31] 叶裕民. 中国城市化与可持续发展 [M]. 北京: 科学出版社, 2007
[32] 郑秉文. 拉丁美洲城市化: 经验与教训 [M]. 北京: 当代世界出版社, 2011
[33] 黄建军, 段习贤. 中国城镇化实现机制的缺陷——制度经济学的分析 [J]. 科学经济社会, 2005 (2)
[34] 王静. 农村社会保障制度缺失: 城镇化发展的深层障碍 [J]. 农村经济, 2007 (5)
[35] 马庆斌, 刘诚. 中国城镇化融资的现状与政策创新. 中国市场, 2012 (4)
[36] 中国劳动咨询网. 世界各国退休年龄概览 [EB/OL]
[37] 韩伟. 通货膨胀条件下国外养老金指数化调整机制及对中国启示 [J]. 技术经济, 2005 (10)
[38] 傅崇兰、陈光庭、董黎明等著, 中国城市发展问题报告 [M]. 中国社会科学出版社, 2003
[39] 邵伟钰, 社会保障财政风险及其防范 [J]. 经济问题探索, 2003 (4)
[40] 王琳. 先防社保风险才能共享福利 [J]. 民生, 2010 (12)
[41] 郑洁、翟胜宝. 我国社会保障财政风险防范研究 [J]. 四川经济管理学院学报, 2010 (3)
[42] 王小君. 中国社会保障的财政风险及其防范 [J]. 西南民族大学学报, 2005 (3)

[43] 杨仁君. 中国社会保障风险研究 [J]. 技术经济, 2004 (6)

[44] 刘尚希. 财政风险及其防范问题研究 [M]. 北京: 经济科学出版社, 2004

[45] 武彦民. 财政风险评估与化解 [M]. 中国财政经济出版社, 2004

[46] 张志超. 财政风险——成因、估测与防范 [M]. 中国财政经济出版社, 2004

[47] 王金龙. 财政风险与金融风险 [M]. 中国财政经济出版社, 2004

[48] 刘尚希. 财政风险: 一个分析框架 [J]. 经济研究, 2003 (5)

[49] 于媛, 梁燕. 金融危机背景下的财政风险分析 [J]. 北方经济, 2009 (6)

[50] 唐普杰. 试析欧债对我国经济的影响 [J]. 中国外资, 2012 (3)

[51] 王利军. 养老保险的财政风险及其防范 [J]. 辽宁工程技术大学学报, 2005 (5)

[52] 朱智强. 转轨时期中国的社会保障财政风险及其防范 [J]. 山西财政税务专科学校学报, 2004 (12)

[53] 宋倩, 郭超. 公共财政下的社会保障财政风险防范 [J]. 西部财会, 2006 (4)

[54] 成新轩等. 河北省养老保险基金运营过程中的风险控制系统设计 [J]. 经济论坛, 2006 (3)

[55] 张佐民, 李丹. 美国社会保障体系的启示 [J]. 黑龙江财会, 2003 (10)

[56] 刘云香, 丁建定. 美国养老保险体制改革及其经验 [J]. 南都学坛, 2007 (7)

[57] 陈曦. 欧债危机 走过低谷 [J]. 中国新时代, 2012 (2)

[58] 寇铁军, 苑梅. 制度建设与财政支持 [J]. 财经问题研究, 2011 (1)

[59] 蒋少穆, 杨少垒. 欧债危机: 当代资本主义一体化异化噩梦 [J]. 政治经济学评论, 2012 (4)

[60] 邓大松, 王增文. 我国的养老风险及其规避 [J]. 当代行政, 2008 (11)

[61] 贾小雷. 我国社会保障模式与国家财政责任问题研究 [J]. 社会建设, 2010 (5)

[62] 魏兴凯. 以财政支持为基础改革社会保险的思考 [J]. 经济论坛, 2006 (7)

[63] 谷明淑. 保险资金投资基础设施及其风险控制 [J]. 辽宁大学学报, 2007 (1)

[64] 陈龙, 刘海洋. 欧债危机的成因及对中国的影响和启示 [J]. 中国商界, 2011 (12)

[65] 肖生福. 社会保障政策执行中的政府责任 [J]. 经济导刊, 2010 (8)

[66] 戈甸园. 欧债危机的成因及可能对中国的影响 [J]. 经济研究, 2012 (12)

[67] 樊小钢, 陈薇. 我国农村社会养老保险中政府财政责任探讨 [J]. 甘肃行政学院学报, 2008 (6)

[68] 段东平. 公共财政支持农村养老保险的思考 [J]. 财政困谈, 2009 (20)

[69] 杨方方. 中国转型期社会保障中的政府责任 [J]. 中国软科学, 2004 (8)

[70] 边恕, 孙雅娜. 辽宁省养老保险制度改革与财政支持能力分析 [J]. 社会保障, 2007 (2)

[71] 陈佳佳. 欧债危机的内外成因浅析 [J]. 经济研究, 2011 (41)

[72] 李稻葵. 如何应对即将全面爆发的欧债危机 [J]. 新财

富，2011（10）

[73] 丁原洪. 欧洲债务危机的根源及前景 [J]. 和平与发展，2012（1）

[74] 李海飞，谢颖. 社会保障风险的财政分析与防范 [J]. 财贸研究，2002（1）

[75] 梅兆荣. 从欧盟建立"财政联盟"的曲折历程看欧债危机化解的前景 [J]. 当代世界，2012（3）

[76] 王蒙. 欧债危机对我国的启示 [J]. 合作经济与科技，2012（2）

[77] 王兰军. "欧债危机下的世界经济走势" [J]. 江淮，2011（12）

[78] 刘国新. 中国特色城镇化制度变迁与制度创新研究 [D]. 东北师范大学学士论文，2009年

[79] 陈思斌. 社会保障风险与防范研究 [J]. 人力资源管理，2011（2）

[80] 胡志华，王岱山. 重新认识我国社会保障风险 [J]. 社会保险研究，2009（9）

[81] 曾易. 城乡养老保险制度一体化的实现途径 [J]. 学习月刊，2012（2）

[82] 张树斌. 当前我国社会保障体制中存在的问题与对策研究 [J]. 理论探讨，2011（5）

[83] 黄艳，闫泽滢. 德国今年来的经济增长乏力的原因及对我国的启示 [J]. 广西商业高等专科学校学报，2004（3）

[84] 司玉君. 多元化养老保障制度的改革设想 [J]. 经济技术写作信息，2011（16）

[85] 钱巨炎，黄克旭. 防范和化解养老保险财政风险的思考 [J]. 浙江财税与会计，2003（2）

[86] 吕雅男. 关于人口老龄化问题的评析 [J]. 人文政治，

2011（4）

[87] 刘险峰,曹丽媛,艾量.关于我国人口老龄化的思考[J].烟台大学学报（哲学社会科学版）,2011（7）

[88] 毕梦莹.关于我国人口老龄化问题及养老保障方式的研究[J].金陵瞭望,2011（14）

[89] 贺歆,任婷.关于中国养老保障制度的思考[J].大陆桥视野,2011（4）

[90] 蔡红华,杨亚婕.国外农村养老保障体系建设及其对我国的启示[J].经济问题探索,2011（6）

[91] 曹永红.国外农村养老保障的比较及对我国的启示[J].经济论坛,2011（12）

[92] 刘斐,梁山.河北省农村居民养老保障问题探析[J].天津农业科学,2011（17）

[93] 吴颖倩,孙文生.河北省人口老龄化问题研究[J].旅游经济,2011（5）

[94] 罗倩妮.老龄化背景下延长法定退休年龄的思考[J].顺德职业技术学院学报,2011（4）

[95] 梁玉影.老龄化形势下养老服务体系建设的政策工具选择[J].新农村,2011（4）

[96] 郑雪姣.老龄化与我国企业年金的发展[J].科技经济市场,2011（6）

[97] 郭伟.老龄化中国的法治困境[J].法制人生,2011（13）

[98] 刘苓玲.老年社会保障制度变迁与路径选择[D].首都经济贸易大学学位论文,2007

[99] 卢成会.论新型农村养老保险制度中政府财政支持的必要性[J].长春工业大学学报（社会科学版）,2012（11）

[100] 苏莉萍.美国的养老保险制度[J].重庆调研,2002

(3)

[101] 伍国铭. 美国的养老保障制度及其特点 [J]. 重庆科技学院学报 (社会科学版), 2011 (19)

[102] 花磊, 欧元雕. 人口老龄化背景下农村养老保障制度论析 [J]. 长春师范学院学报 (人文社会科学版), 2012 (11)

[103] 薛晓鸣. 人口老龄化背景下社会养老模式探索 [J]. 江苏建材, 2011 (1)

[104] 王昊城. 人口老龄化对社会经济的影响及应对措施 [J]. 中国商界, 2011 (2)

[105] 郭继红. 人口老龄化与我国养老保障制度建设 [J]. 科技信息, 2011 (18)

[106] 章晓英. 人口老龄化与养老保险基金支出关系实证分析 [J]. 商业时代, 2011 (13)

[107] 张新生. 社会保障制度创新环境的构建 [J]. 辽宁师范大学学报 (社会科学版), 2005 (3)

[108] 韩伟. 通货膨胀条件下国外养老金指数化调整机制及对中国启示 [J]. 技术经济, 2005 (10)

[109] 岳慧丽. 完善农村社会养老保障制度的几点想法 [J]. 新农村, 2012 (4)

[110] 岑敏华, 彭浩然. 完善我国全民养老保险体系的建议 [J]. 中国民政, 2012 (5)

[111] 曹宗平. 我国城镇化建设的有利条件及路径选择 [J]. 求索, 2004 (4)

[112] 余雅乖. 我国城镇化建成中农村人口对社会保障依赖程度分析 [J]. 农村经济, 2007 (3)

[113] 涂玉华. 我国农村社会保障制度创新的思考 [J]. 前沿, 2007 (9)

[114] 杨立雄. 我国农村社会保障制度创新研究 [J]. 中国软

科学,2003(10)

[115] 原新. 我国人口老龄化决定因素的分解[J]. 中国社会工作,2011(5)

[116] 陈鹏军. 我国人口老龄化趋势、影响及对策研究[J]. 重庆工商大学学报(社会科学版),2011(6)

[117] 安鸿章,吕亚非. 我国人力资源城镇化转移趋势[J]. 经济与管理研究,2004(3)

[118] 张利国. 我国社会养老保障模式新探索[J]. 商业时代,2012(16)

[119] 郝逸阳,宋凯. 我国养老保障对象的分解与保障方式的细化[J]. 劳动保障世界,2011(6)

[120] 原新. 我国应对人口老龄化的特殊性[J]. 中国社会工作,2011(4)

[121] 卢海元. 英国城镇化与社会保障制度建设的主要经验教训和历史启示[J]. 社会保险研究,2004(11)

[123] 李倩. 英国职业年金监管体制对中国的启示[J]. 行政事业资产与财务,2012(4)

[124] 余兴厚. 中国城镇化进程中社会保障制度的城乡统筹[J]. 重庆工商大学学报(西部论坛),2005(10)

[125] 冯尚春,丁晓春. 中国特色城镇化道路与城乡社会保障制度的链接[J]. 思想理论教育导刊,2009(2)

[126] 王自力. 中国通货膨胀:特征、原因与治理[J]. 河南金融管理干部学院学报,2008(2)

[127] 王婷,李放. 中国养老保险政策变迁的历史逻辑思考[J]. 江苏社会科学,2016(3)

[128] 梁发芾. 公共财政对养老金缺口承担什么责任[N]. 中国经营报,2016

[129] 刘苓玲,任斌,赵佩娜. 公共养老保险制度参数调整与基金平衡研究:一个文献综述[J]. 社会保障,2016

(1)

[130] 董克用. 构建我国三支柱养老金体系 [N]. 中国劳动保障报, 2016.6.17

[131] 皮德海. 机关事业单位养老保险：经办怎开篇 [J]. 中国社会保障, 2015 (2)

[132] 翁仁木, 段迎军. 国外公共养老金调整机制比较研究 [J]. 北方人口, 2015 (6)

[133] 刘佳, 王亚雯. 公平视角下关于基本养老金调整机制的思考 [J]. 社会保障研究, 2014 (4)

[134] 刘苓玲, 任斌. [J]. 我国基本养老金调整机制保障了退休职工基本养老金待遇吗？[J]. 人口与经济, 2015 (5)

[135] 段胜. 基于城乡统筹视角下的农民工养老保险转移对接问题研究 [J]. 保险职业学院学报, 2012 (10)

[136] 蒋云赟. 我国农民工养老保险方案的再研究 [J]. 财经研究, 2013 (10)

[137] 任辉, 傅晨. 市民化背景下农民工养老保险制度非均衡分析 [J]. 新疆大学学报, 2015 (8)

[138] 仙蜜花. 农民工养老保险转移接续困境归因及对策建议 [J]. 广西经济管理干部学院学报, 2013 (3)

[139] 刘金莉. 农民工养老保险基金的保值增值困境 [J]. 江西科技学院学报, 2013 (6)

[140] 张楠. 建立全国统筹的农民工养老保险制度：必要性与对策 [J]. 企业研究, 2013 (6)

[141] 杨立雄. 我国农村社会保障制度创新研究 [J]. 中国软科学, 2003 (10)

[142] 原新. 我国人口老龄化决定因素的分解 [J]. 中国社会工作, 2011 (5)

[143] 陈鹏军. 我国人口老龄化趋势、影响及对策研究 [J].

重庆工商大学学报（社会科学版），2011（6）

[144] 安鸿章，吕亚非. 我国人力资源城镇化转移趋势 [J]. 经济与管理研究，2004（3）

[145] 张利国. 我国社会养老保障模式新探索 [J]. 商业时代，2012（16）

[146] 郝逸阳，宋凯. 我国养老保障对象的分解与保障方式的细化 [J]. 劳动保障世界，2011（6）

[147] 原新. 我国应对人口老龄化的特殊性 [J]. 中国社会工作，2011（4）

[148] 李倩. 英国职业年金监管体制对中国的启示 [J]. 行政事业资产与财务，2012（4）

[149] 余兴厚. 中国城镇化进程中社会保障制度的城乡统筹 [J]. 重庆工商大学学报（西部论坛），2005（10）

[150] 冯尚春，丁晓春. 中国特色城镇化道路与城乡社会保障制度的链接 [J]. 思想理论教育导刊，2009（2）

[151] 王自力. 中国通货膨胀：特征、原因与治理 [J]. 河南金融管理干部学院学报，2008（2）

二、英文部分

[1] Freidman, B. & Hausman, L. (1998). Sustainable Social Protectionin China: Concluding the Reform. Mimeo

[2] Hussian, A. (1994). Social Security in Present-day China and its Reform. American Economic Review

[3] Disney, Richard, 1999, "National Accounts as a Pension Re-form Strategy: An Evaluation." Social Protection Disussion Paper No. 9928. World Bank, Washington, D. C.

[4] Dorfman, Mark C. and Yvonne Sin, 2000, China: Social Security Reform, Technica Analysis of Strategic Options, Human Develo-pment Network, The World Bank. Washington, D. C.

[5] Hang, Feng, 1999, "The Situation of Development of China's

Basic Pension Insurance Undertaking."

[6] Hussain, Athar, 1993, "Reform of the Chinese Social Security System." In E. Ahmad and A. Hussain, eds., Social Security in the People's Republic of China. Oxford: Oxford University Press

[7] James, Estelle, 1999, "New Models for Old Age Security – and How Can They be Applied in China?" Paper Presented at the WBI and MOLSS Workshop, Beijing, June Schwarz, A. M., and A. Demurgic – Kunt, 1999, "Taking Stock of Pension Reforms around the World." SP Discussion Paper no. 9917, World Bank, Washington, D. C.

[8] Varian, H, 1984, Microeconomic Analysis, W. W. Norton & Com – pany

[9] Wang, Yan, 1997: "Managing and Funding the Three Pillars", In Old Age Security: Pension Reform in China. World Bank, Washin – gton, D. C.

[10] Hana Polakova Brixi. Contingent Government Liabilities: A Hidden Risk for Fisical Stability. The World Bank

[11] Tatiana Ermolieva, Lands MaCkellar and Anedrs Westlud: A Social Security Forecasting and Simulation Model, IIASA Interim Report, IR – 00 – 055, 2000

[12] Robert C. Merton (1983), "On the Role of Social Security as a Means for Effcient Risk Sharing in an Economy Where Human Capital Is Not Tradable", in Zvi Bodie and John B. Shoven (eds), Financial Aspects of the United States Pension System, Chapter 12, Chicago: University of Chicago Press, 325 – 358

[13] James E. Pesando (1992), "The Economic Effects of Private Pensions", in Private Pensions and Public Policy, Chapter 8,

Paris: OECD, 115 - 133
- [14] Zvi Bodie and Robert C. Merton (1993), "Pension Benefit Guarantees in the United States: A Functional Analysis", in Ray Schmitt (ed.), The Future of Pensions in the United States, Chapter 5, Philadelphia: University of Pennsylvania Press for the Pension Research Council, 194 - 234
- [15] Deborah Roseveare, Willi Leibfritz, Douglas Fore and Eckhard Wurzel (1996), "Aging Populations, Pension Systems and Government Budgets: Simulations for 20 OECD Countries", Economics Deparment Working Paper No. 168, Paris: OECD, 5 - 67
- [16] E. Philip Davis (1998), "Policy and Implementation Issues in Reforming Pesion Systems", Working Paper No. 31, London: European Bank for Reconstruction and Development, August, 1 - 22
- [17] Mehmet Serkan Tosun, Population aging and economic growth, political economy and open economy effects, economics letters81 (2003) 291 - 296
- [18] John B. Williamson and Matthew Williams, "Notional Defined Contribution Accounts Neoliberal Ideology and the Political Economy of Pension Reform", The American Journal of Economics and Sociology, Vol. 64, No. 2 (April, 2005)
- [19] John B. Williamson and Matthew Williams, "The Notional Defined Contribution model: An Assessment of the Strengths and Limitations of a New Approach to the Provision of Old Age Security", CRR WP 2003 - 18, October 2003
- [20] John B. Williamson and Zheng Bingwen, "The Applicability of the Notional Defined Contribution Model for China", China & World Economy Number 3, 2003

[21] Martin Feldstein, The Future of Social Security Pensions in Europe, working paper 8487, 2001

[22] Martin Feldstein and Elena Ranguelova, "Individual Risk in an Investment - Based Social Security Sustem", The American Economic Review, Sep 2001, Vol 91, No. 4

[23] Michael Cichon, "Notional defined - contribution schemes: Old wine in new bottles?" International Security Review, Voi. 52, 4/99

[24] Clark, Robert L., The Economics of an Aging Society, 2004, Blackwell

[25] Song, S., & Chu, G. (1997). Social security reform in China; The case of old age insurance. Contemporary Economic Policy 15 (April): pp. 85 - 93

[26] Martin Feldstein. Social security pension reform in China [J]. China Economic Review, 10 (1999); pp. 99 - 107

[27] The World Bank. (1997). Old Age Security; Pension Reform in China, China 2020 Series. Washington, D. C.; The World Bank

[28] Vincenzo Galasso, Paola Profeta. The political economy of social security: a survey [J]. European Journal of Political Economy, Vol. 18 (2002); pp. 1 - 29

[29] Helmuth Cremer, Pierre Pestieau. Reforming our pension system; Is it a demographic, financial or political problem? [J]. European Economic Review, 44 (2000): pp. 974 - 983

[30] Vincenzo Galasso, Paola Profeta. The political economy of social security: a survey [J]. European Journal of Political Economy. Vol. 18 (2002): pp. 1 - 29

[31] Estelle James. New Models for Old Age Security and How can They be Appplied in China? [C]. Selected Papers from Pen-

sion System Reform Workshops; World Bank, 1998

[32] Ramgopal Agarwala. Managing Pension Programs; Analysis of Key Administrative and Policy Processes [C]. Selected Papers from Pension System Refrom Workshops; World Bank, 1998

[33] David Lindeman. Incentives and Design Issues in Pension [C]. Selected Papers from Workshops: World Bank, 1998

后 记

经过艰苦的写作过程,书稿终于完成。本书的编写离不开大家的支持和帮助。首先要感谢我的恩师——孙健夫教授,没有孙老师的督促和教诲,就没有这本书的框架和内容。感谢我的家人,没有他们的分担和支持,就没有我的进步。感谢我的同事和朋友们,没有他们的帮助,就没有书稿的最终成稿。感谢中国财政经济出版社的陆宗祥主任和高文欣编辑,他们一遍遍地校稿,几经改动,从来没有过一点不耐烦,才最终促使这本书得以完成。感谢河北社科联和河北金融学院博士基金的资助。

黄敏

2018 年 9 月